ESSAI

SUR

LA FABRICATION DU FER BLANC

ET DU FER NOIR, OU TÔLE,

D'après les procédés employés à la manufacture du Pont-Saint-Ours, près Nevers, avec un Précis sur sa position, sur la discipline et l'administration convenables à cette espèce de manufacture.

PAR L.-A.-F. TURGAN.

Prix : 1 fr. 20 cent. — 1 fr. 50 cent. *franc de port.*

Se trouve À PARIS;

CHEZ RONDONNEAU, AU DÉPÔT DES LOIS;
PLACE DU CARROUSEL,

AN IX.

AVERTISSEMENT.

ON donne cet Essai comme le fruit de plusieurs années d'expérience, et tel qu'il a été composé en l'année 1784, sous les yeux et avec les observations des principaux ouvriers qui étaient employés dans cette manufacture.

On n'a pas cru devoir rien changer à cet Essai, pour faciliter la comparaison des opérations, des mesures et des prix de ce temps, avec les opérations, les mesures et les prix actuels ou des temps qui suivront.

Cette manufacture appartenait alors à Bernard Turgan père, et était dirigée par Louis-Auguste-Frédéric Turgan, son fils aîné; depuis le décès de Bernard Turgan, cette usine a été vendue aux entrepreneurs de la manufacture d'acier d'Amboise, qui ont changé les ateliers disposés pour faire du fer blanc ou de la tôle, et ont fait ar-

A 2

ranger les lieux d'une manière propre à
la fabrication de l'acier, mais dans le détail des procédés employés pour la fabrication du fer blanc et du fer noir, ou tôle,
comme dans le précis sur la position de
cette manufacture, sur la discipline et sur
l'administration convenables au succès des
travaux. On y retrouvera la peinture fidelle
des ordons, des ateliers divers, des outils,
de la préparation des travaux, de la consommation et du prix des matières, de la
manipulation, de l'attitude même de l'ouvrier comme de ses mœurs, ainsi que des
moyens et des talens nécessaires au maître
de cette espèce d'usine pour la gouverner,
et faire fleurir au-dehors comme au-dedans
une pareille entreprise.

ESSAI

SUR

LA FABRICATION DU FER BLANC

ET DU FER NOIR OU TÔLE.

On va rendre compte des procédés suivis à la manufacture du Pont-Saint-Ours par ceux à qui cette manutention était confiée, pour parvenir à la fabrication du fer blanc et du fer noir. Quelqu'attention que l'on ait prêtée pour étudier et saisir leur manière d'opérer dans chacun des procédés, beaucoup de détails ont encore échapés aux observations : ce qui détermine à ne présenter le rapport que l'on veut en faire que comme un Essai sur la fabrication du fer blanc et du fer noir.

Dans l'ordre des travaux, on aura soin de décrire chaque ordon ou atelier tel qu'il est, le nom des ouvriers attachés à chacun d'eux, les procédés de chacun des ateliers, le salaire de chacun des ouvriers, l'emploi et la consommation des ma-

tières, les mesures et les dimensions de ces matières dans les procédés successifs par où elles
passent, leur déchet ou la perte qu'elles éprou-
vent, enfin les dimensions des outils. On se ser-
vira des mots techniques; mais une explication
en rendra le sens facile. On croit devoir placer
ainsi chaque objet et chacun des ouvriers dans
l'ordre naturel où ils se trouvent au moment des
travaux, pour peindre en quelque façon les opérations des ateliers divers, telles qu'elles étaient
dans leur activité.

L'ensemble des procédés peut être divisé de
deux manières; savoir : en procédés appartenans
aux forges et en procédés appartenans à l'étamerie.

Dans la division des procédés appartenans aux
forges, sont compris l'affinerie, le martinet, l'é-
largisserie et la platinerie, avec les détails qui
concernent chacun de ces procédés.

Dans la division des procédés appartenans à
l'étamerie, sont compris la cisaillerie au juste,
le décapage, le récurage et l'étamage, également
avec les détails qui concernent chacun de ces
procédés.

Comme la forme ou coupe des ordons différens
est absolument la même que celle des autres forges
ou tôleries, et que la description en a déjà été
donnée par des maîtres de forges expérimentés,

on se contentera d'indiquer à chaque ordon ;
lorsque le marteau sera à drôme ou à queue : il
en est de même du travail ou de la manipulation
de l'affinerie, dont les procédés sont également
bien décrits dans les traités sur les forges et fourneaux, par ces mêmes maîtres de forges (*a*) ; et, si
l'on commence par le travail de l'affinerie, c'est
moins pour en parler à fond, comme ils l'ont fait,
ce qui ne tendrait qu'à répéter ce qu'ils ont dit,
que pour indiquer dans la division de ce procédé
la qualité et la proportion nécessaire aux barres
de fer, suivant la nature des formats à fabriquer,
et donner des observations utiles à cette fabrication sur la fonte des gueuses et de la rognure.

(*a*) Robert de Guignebourg, Crignon et autres.

A 4

PREMIÈRE PARTIE.

FORGES.

AFFINERIE.

LE marteau est à drôme.

Le creuset est monté à la manière comtoise, et la manipulation est analogue à cette manière.

Pour travailler avec succès et bénéfice, le choix de la fonte est nécessaire ; elle doit être de nature grise, comme la plus propre à donner le meilleur fer. Pour la fabrication de la manufacture du Pont-Saint-Ours, la préférence est due à celle du Berri.

Souvent, afin de parvenir à améliorer le fer, on fond avec la gueuse des ferrailles choisies, que le forgeron coule au milieu du creuset dans le train de la manipulation de la pièce, quelques momens avant de l'avaler. Il faut avoir attention d'éviter que dans la ferraille que l'on emploie, il ne se trouve point des parcelles cuivrées, acérées ou étamées, parce que le fer s'en ressentirait. On brûle également la ferraille mince avec la rognure ;

le forgeron a la précaution de la couler le long du contrevent, à raison de la facilité que la rognure a à se mettre en fusion ; ce qui le nécessite à faire fondre l'une et l'autre presqu'ensemble et avec soin, de crainte que la ferraille ne se trouve écrue dans la barre et mal soudée.

En partant de l'hypothèse de la bonne qualité de la fonte et de sa nature grise, le fer qui en provient doit être partie nerfs et partie grains, ou au moins grains fins : en cet état, il est mieux disposé à éprouver les divers procédés par où il doit passer, principalement l'activité du feu du four de réverbère. Le fer provenant de la rognure doit être grains fins, ou avec moins de nerf que de grains, parce qu'ayant été déjà épuré, il lui faut moins de dispositions pour soutenir les autres procédés : car, si par une mauvaise manipulation le fer de fonte se trouve aigre ou crû, il est sujet alors à se gerser ou fendre, et le fer de rognure trop manipulé et trop doux, est susceptible de pailler en tôle ou fer noir.

La consommation en fonte est de quinze cents pesant pour le millier de fer. Celle de rognure est de douze cents pesant pour le millier de fer.

La consommation du charbon est de trois bannes par millier de fonte, et de deux bannes par millier de fer de rognure.

La banne de charbon est composée de cinq sacs;

Le sac en treillis a sept pieds et demi de longueur sur trente-six pouces de largeur. Un sac plein de charbon peut peser aux environs de deux cents livres.

Le prix moyen de la banne de charbon, depuis dix ans, a été de douze francs ; celui de la fonte, de soixante francs le milier pesant, et celui du fer en barre, de dix-sept francs le quintal.

Le charbon, pour fondre la gueuse, doit être gros, bien cuit, et de bonne qualité, c'est-à-dire, sonore et cassant ; pour fondre la rognure, il doit être de même qualité, mais plus menu.

Le forgeron a par millier de fer de fonte 9 francs, et par millier de fer de rognure 7 liv. 10 sous, le tout livrable au cent six pesant, reçu en qualité et dimensions requises.

Il y a à cet ordon un chef. Le nom de ce chef est le marteleur : il a 10 sous de plus que le forgeron par millier de fer. A raison de cet excédant de prix, il est chargé de veiller sur la façon du feu ou arrangement du creuset d'affinerie, sur l'entretien de l'ordon, du marteau et des outils ; il en prend soin, et reçoit immédiatement les ordres pour la fabrication des barres d'échantillon, dans les dimensions indiquées.

La proportion des barres est en raison de la différence des formats que l'on veut faire fabriquer, et en raison de la nature du fer, soit provenant de fonte, soit provenant de rognure.

Admettant que l'on ait obtenu du fer tel qu'on le désire, et tel qu'il est essentiel de l'avoir pour réussir dans les autres procédés de fabrication, et éviter principalement à celui de la platinerie une trop grande quantité de rognures, les dimensions de barres peuvent être, savoir :

Pour le format dont la feuille a douze pouces de longueur sur neuf de largeur, de vingt-sept à vingt-huit lignes de largeur, sur sept lignes d'épaisseur ;

Pour celui de treize pouces sur dix, de même largeur et épaisseur ;

Pour celui de quatorze pouces sur dix et demi, de trente lignes sur huit ;

Pour celui de quinze pouces sur onze, de même largeur et épaisseur ;

Pour celui de dix-huit pouces sur onze, douze et treize, de trente-six lignes sur huit ;

Pour la grande tôle de vingt-quatre, trente et trente-six pouces, sur les différentes largeurs de douze, quinze et dix-huit pouces, les dimensions de barres peuvent être de trente, trente - six, trente-huit et quarante lignes, sur huit à neuf.

On fabriquait à la manufacture dans les autres dimensions, pour des consommations d'un autre genre, telles que les bouchoirs de four, les chaudières à brûler, les chaudières à laver et autres semblables, qui exigeaient des proportions différentes dans les feuilles.

Il est question de fer de fonte pour les dimensions qu'on vient d'établir. Le fer de rognure étant plus épuré et plus ductil, les barres en provenant peuvent épargner, sur la dimension de longueur, une ligne à une ligne et demie, en laissant l'épaisseur la même. Pour les grands formats, le fer de rognure est toujours préférable, à cause de sa ductilité, et rarement en employait-on d'autre.

Le choix d'un bon affineur consiste, après les bonnes mœurs, à le trouver docile au commandement et à l'ouvrage, intelligent à brûler la rognure avec économie et à son degré, actif pour la manipulation lorsqu'il est question de fondre la gueuse, et enfin, adroit au marteau.

Les ringards, tenailles, outils et instrumens, sont comme dans les autres forges.

M A R T I N E T.

Le marteau est à queue.

Le feu dans lequel on chauffe à blanc les barres qui doivent être étirées, se nomme chaufferie du martinet.

Le martinet en fer placé à cet ordon, a une forme aigüe. La tête du martinet a huit pouces de longueur d'un montant à l'autre , et cinq pouces de largeur vers l'œil ou l'enmanchure, et deux pouces d'épaisseur ; les montans ont un pied de longueur de la tête au bloc , cinq pouces de largeur et un pouce et demi d'épaisseur. Le bloc a quatre faces , de sept pouces de longueur chacune, sur cinq pouces , dans la plus grande largeur , cette largeur allant en diminuant, tant vers l'œil ou l'enmanchure que vers l'aire ; les deux faces des montans sont échancrées jusqu'à l'aire , et s'y arrondissent dans une largeur de huit lignes. L'œil ou l'enmanchure a cinq pouces de largeur vers la tête , quatre pouces vers le bloc , et un pied de la tête au bloc. Le poids du martinet est de cent à cent vingt livres, suivant le format qu'on veut faire étirer.

L'enclume en fonte , de forme égale pour le bloc à celle du martinet, a quatre faces quarrées , de huit pouces chacune, de sept pouces au bloc , dont deux faces sont échancrées jusqu'à l'aire , et s'y arrondissent dans une largeur de huit lignes,

La chabotte en fonte du martinet a dix - neuf pouces de largeur sur deux faces parallèles , et vingt-deux pouces sur deux autres , un pied de hauteur ; l'ouverture pour recevoir l'enclume a dix pouces sur deux faces et un pied sur deux autres , et sept pouces de profondeur.

L'ouvrier préposé pour étirer les barres de fer

en longueur se nomme martineur; il dispose son marteau de façon que le milieu de l'enclume et celui du martinet se correspondent plus que les deux extrémités, pour faciliter l'étirage. Chaque bout de barre qu'il étire est une languette. Son adresse consiste à étirer la languette uniment, de manière que le coup de marteau ne s'aperçoive qu'imperceptiblement, il doit l'étirer à la mesure et au poids exigés pour le format en fabrication. Quand la languette est parvenue à la mesure exigée pour le format, le martineur présente le couperet sous le martinet battant et sur la languette, et le coup du martinet fait trancher dans l'endroit où elle doit être coupée.

Le gât, ou le petit manœuvre du martinet, reçoit la languette avec une tenaille à main, fait frapper cette languette encore chaude sur le quarré d'un bloc en fonte, la plie en deux parties égales, et l'ajuste avec un marteau à main, de manière que les deux bouts de la languette se réunissent également, et qu'il y ait une ouverture vers la tête; il place ensuite la languette, ainsi ajustée, sur une petite balance, dans un des bassins de laquelle est le poids exigé. Comme cette balance est placée vis-à-vis le martineur, il peut voir d'un coup-d'œil s'il étire juste.

Le chauffeur a soin de disposer les barres par rang dans le feu de la chaufferie, de couvrir, en se servant de la couasse, l'extrémité des barres de charbons amoncelés, et d'entretenir le feu dans un degré de chaleur et d'aliment qui puisse chauffer également ; il tire ensuite chaque barre du fer, chacune dans son rang, la présente au martineur, la reprend de ses mains après la languette étirée, la remet au feu dans le dernier rang, pour la rapporter à son tour au martinet, jusqu'à consommation. Le chauffeur met sept barres par rang pour les formats de douze et treize pouces, six barres pour les formats de quatorze et quinze pouces, et cinq barres pour celui de dix-huit pouces.

Le charbon doit être menu, comme le plus convenable pour bien couvrir les barres.

La consommation de charbon est d'une rasse, du poids net de cinquante livres par cent de fer.

Le déchet du fer peut être d'un à un et demi pour cent de fer, suivant sa qualité ; et le rebut, de deux, quatre et six pour cent, suivant la même qualité.

Le salaire du martineur est de 3 sous 6 deniers par schoc ou paquet de feuilles, dont il sera question à l'article platinerie, après que les schocs y ont passés en compte, ainsi qu'à la cisaillerie au juste.

Le chauffeur est au moins à raison de 24 liv., et le gât à raison de 10 livres.

La mesure et le poids nécessaires à chaque languette sont, après la qualité du fer et les dimensions de barre déjà spécifiées, les autres bases essentielles pour réussir dans les autres procédés. Cette mesure et ce poids sont proportionnés aux différens formats, tels qu'on va les poser dans leur détail.

Pour le format de douze pouces, la languette a vingt pouces dans sa longueur, et est réduite à dix pouces lorsqu'elle est pliée en deux, parce que chaque languette doit former deux feuilles ; le poids de la languette de ce format est de vingt-quatre onces ;

Pour le format de treize pouces, la languette de vingt-deux pouces, réduite à onze, pèse deux livres ;

Pour le format de quatorze pouces, la languette de vingt-quatre pouces, réduite à douze, pèse trente-huit onces ;

Pour le format de quinze pouces, la languette de vingt-huit pouces, réduite à quatorze, pèse quarante-une onces ;

Pour le format de dix-huit pouces, la languette de trente-deux pouces, réduite à seize, pèse cinq livres. Tels sont les formats qui s'étirent sous le martinet.

Il est question ici du fer de fonte, qui, plus compacte et plus dur, résiste davantage au coup

de

de marteau et conserve mieux ses dimensions. On peut forcer un peu le poids de la languette de fer de rognure, comme étant plus facile à s'alonger et à s'élargir, et pouvant par-là perdre plus de matière en rognure.

On donnera à l'article *platinerie* les dimensions de longueur pour les languettes des formats de vingt-quatre, trente et trente-six pouces, parce que ces formats ne sont pas susceptibles d'être étirés au martinet ni élargis au marteau à élargir : on verra à cet article quels sont les procédés qui y suppléent.

Il y a deux martineurs à l'ordon, qui travaillent successivement par tournée. Chaque martineur étire dans sa tournée trois cents languettes des formats de douze et treize pouces, deux cent cinquante de ceux de quatorze et quinze, et deux cents de celui de dix-huit. Cette tournée peut durer aux environs de six heures. Chaque tournée finie, le martineur arrose le martinet et le manche, pour les refroidir et prévenir l'embrâsement ; il veille également à l'entretien de l'ordon, du martinet, des outils, et il en prend soin.

Les outils de ces différens ouvriers sont :

Pour le *martineur* : le couperet, dont le rein a dix-neuf pouces de longueur, avec un taillant de quatre pouces de longueur, deux pouces de largeur et un pouce d'épaisseur ; la tête du taillant

B

où frappe le marteau est acérée , ainsi que le taillant, dont la forme angulaire est amincie jusqu'à
l'épaisseur d'une ligne vers le sommet de l'angle
qui forme le tranchant.

Pour le *chauffeur :* la couasse de fer rond, d'un
pouce de circonférence , propre à ramasser le
charbon dans la chaufferie et arranger le feu, a
cinq pieds de longueur , avec un bec recourbé au
bout, d'un pied de longueur, aplati sur la largeur
de trois pouces, terminant en pointe, et à l'extrémité manuelle ayant une épaisseur du double de
la branche , en forme ovale , qu'on appelle la
douille.

Pour le *gât :* la tenaille à main , de fer rond ,
de trois pouces de circonférence, a deux pieds
dans toute sa longueur; l'ouverture des mords est
de trois lignes , fermant à la pince : chaque mord
a trois pouces de longueur, un pouce de largeur,
quatre lignes d'épaisseur , et une ligne d'épaisseur
à la pince. .

ÉLARGISSERIE.

Le marteau est à drôme.

Le feu dans lequel on chauffe les languettes ,
se nomme *chaufferie de l'élargisserie.*

Le marteau en fer, propre à élargir, placé à

cet ordon, a une forme aigüe : la tête du marteau à élargir a huit pouces de longueur d'un montant à l'autre, cinq pouces de largeur vers l'œil ou l'enmanchure, et deux pouces et demi d'épaisseur : les montans ont quatorze pouces de longueur, de la tête au bloc, cinq pouces et demi de largeur, et deux pouces d'épaisseur : le bloc a quatre faces, de neuf pouces de longueur chacune sur six pouces dans la plus grande largeur, cette largeur allant en diminuant, tant vers l'œil ou l'enmanchure que vers l'aire : les deux faces des montans sont échancrées jusqu'à l'aire, et s'y arrondissent dans une largeur d'un pouce : l'œil ou l'enmanchure a six pouces de largeur vers la tête, cinq pouces vers le bloc, et quatorze pouces de longueur de la tête au bloc : le poids du marteau est de cent trente, cent cinquante et cent quatre-vingts livres, suivant le format qu'on veut élargir.

L'enclume, en fonte, est plane, d'un pied en quarré sur deux pieds de hauteur : elle est enclavée dans un stoch en bois, et serrée fortement par des boucages et des coins en bois, et posant enfin sur une chabotte massive.

Une chabotte en fonte, de marteau d'élargisserie à drôme, a quinze pouces en quarré, de largeur, sur sept pouces de hauteur; elle est massive et sans ouverture.

Une chabotte en fonte de marteau d'élargisserie

à queue, a deux faces de deux pieds quatre pouces chacune, deux autres de vingt-trois pouces sur quinze pouces de hauteur ; l'ouverture dans laquelle entre l'enclume est de quinze pouces sur deux faces, dix-neuf pouces sur deux autres, sur sept pouces de profondeur.

L'ouvrier préposé pour élargir les languettes se nomme *élargisseur*. Il dispose son marteau de manière que le milieu de l'aire du marteau à élargir, et celui de l'enclume, se correspondent plus que les deux extrémités, pour éviter d'allonger trop, si le marteau penchait vers la tête, ou de faire fendre s'il portait sur le derrière.

Il faut toujours deux élargisseurs par tournée ; dont l'un fait la première chaude, et l'autre la dernière.

La première chaude consiste à donner aux languettes, jusqu'à moitié de leur longueur, la largeur qu'elles doivent avoir, et la seconde chaude achève d'élargir l'autre moitié dans la même dimension : en cela, le premier élargisseur est celui qui conduit et dirige l'autre.

On élargit deux paires de languettes à-la-fois, c'est-à-dire, quatre feuilles, depuis le format de douze pouces jusqu'au format de dix-huit.

Le premier élargisseur saisit, avec la tenaille à chauffer, les deux paires de languettes, les place sur champ dans le feu de la chaufferie, les couvre avec une couasse semblable à celle du martinet, de charbons menus et amoncelés : lorsque ces deux paires de languettes sont chauffées à blanc, il les reprend avec une tenaille à faire la première chaude, les porte au marteau, les élargit en partie, change celle de dessous, et la place dessus, à son tour, sous le coup de marteau, et achève enfin de donner à la moitié des languettes la largeur qu'elle doit avoir ; il les replace ensuite, à plat, au feu, d'où le second élargisseur les reprend avec la tenaille à faire la dernière chaude, et l'élargit dans la même forme donnée à la première chaude, après avoir également changé la languette de dessous pour la porter dessus avant la fin de son opération. Il y a toujours deux paires de languettes entières qui chauffent, et deux paires mi-élargies, de manière que les deux élargisseurs se succèdent l'un à l'autre sans s'arrêter.

Leur attention doit être de bien chauffer les languettes, de prendre entre les feuilles, avant de porter au marteau, du frasin embrâsé, pour éviter la soudure, de contenir, étant au marteau, avec le liseau à mettre droit, les deux paires de languettes dans une position égale l'une à l'autre, et de faire le changement à propos ; ils doivent avoir principalement soin de conserver la force du fer dans le milieu de la languette, de l'élargir dans la dimension qu'elle doit avoir, en aminçant toujours

B 3

vers les bords, et équarrissant les deux extrèmités de longueur de manière à ce qu'elles ne forment point deux croissans, dont les pointes, en énervant le fer, tomberaient en rebut ou en rognure à la platinerie.

Les languettes acquièrent dans cette opération un pouce et plus en longueur, et s'étendent en largeur de quatre, cinq et six pouces, suivant le format. Chaque languette ainsi élargie, présente la forme d'un quarré long, et, sous cette forme, prend le nom de *semelle*.

L'élargisseur, au fur et à mesure, arrange les semelles sur un bloc en bois ou en fonte, par paquets nommés *tenailles*, après les avoir frappées fortement dans les deux sens pour les assujétir et secouer le poussier. Chaque tenaille de semelles est composée, pour les formats de douze et treize pouces, de vingt-quatre paires, et pour les formats de quatorze, quinze et dix-huit pouces, de quinze paires.

La tournée des deux élargisseurs est de six tenailles, de la durée de six heures. Ils sont relevés, après leur tournée faite, par deux autres élargisseurs, qui en font autant. Chaque tournée finie, l'élargisseur arrose le marteau et le manche, pour éviter l'embrâsement. Chaque élargisseur veille à l'entretien de l'ordon, du marteau à élargir, des outils, et en prend soin.

Le salaire de l'élargisseur est de 4 sous par schoc de bon ouvrage, reçu après avoir passé à la platinerie et à la cisaillerie au juste.

La consommation du charbon est d'une rasse et demie par cent de fer.

Le déchet peut être d'un demi à un pour cent de fer, suivant sa qualité, et le rebut, de deux à quatre pour cent, suivant la même qualité.

Les outils sont :

1.º La tenaille à chauffer les languettes : cette tenaille a trois pieds de longueur ; les mords ont une forme quarrée, fermant et serrant jusqu'à la pince, qui est ouverte de quatre lignes : chaque mord a huit pouces de longueur, un pouce de largeur, et un pouce d'épaisseur.

2.º La tenaille à faire la première chaude a vingt-six pouces de longueur : les mords ont la forme oblongue, arrondie ; leur ouverture est de huit lignes au milieu, et de six à sept à la pince. Chaque mord a quatre pouces de longueur, un pouce de largeur, sept lignes d'épaisseur au milieu, cinq lignes vers la pince, et la pince est d'une ligne d'épaisseur.

3.º La tenaille à faire la dernière chaude a vingt-six pouces de longueur ; l'ouverture des mords est de deux lignes, fermant à la pince : chaque mord a quatre pouces de longueur, un pouce de largeur, sept lignes d'épaisseur au milieu, cinq vers la pince, et la pince est d'une ligne d'épaisseur.

4.º La couasse est semblable à celle décrite à l'article martinet.

5.º Le ciseau à mettre droit a quatorze pouces de longueur, dont la partie manuelle a quatre pouces en fer rond, sur un pouce d'épaisseur, et l'autre partie d'un pouce en quarré.

<hr>

PLATINERIE.

Le marteau est à drôme.

Ce marteau, en fonte propre à platiner, placé à cet ordon, termine en s'arrondissant. La tête du marteau a onze pouces de longueur d'un montant à l'autre, huit pouces de largeur vers l'œil ou l'enmanchure, et trois pouces et demi d'épaisseur : les montans ont seize pouces et demi de longueur de la tête au bloc, neuf pouces de largeur et trois pouces d'épaisseur : le bloc a quatre faces, de neuf pouces chacune, sur un pied dans la plus grande largeur, cette largeur allant en diminuant, tant vers l'œil ou l'enmanchure que vers l'aire : les deux faces des montans sont échancrées jusqu'à l'aire, et s'y arrondissent dans une largeur de trois pouces et demi : l'œil ou l'enmanchure a six pouces de largeur, tant vers la tête qu'au bloc, et seize pouces et demi de longueur de la tête au bloc. Le poids du marteau est de neuf cents.

Un marteau, en fer à platiner, serait d'un meilleur usage pour la fabrication des feuilles; mais alors il faudrait moins d'épaisseur, tant dans les montans qu'à la tête.

L'enclume en fonte est plane, d'un pied en quarré sur deux pieds de hauteur : elle est enclavée dans un stoch en bois, fortement serrée et assujettie par des boucages et des coins en bois : elle pose au fonds du stoch sur une chabotte en fonte d'un quarré massif de quinze pouces sur sept de hauteur.

Il y a plusieurs préparations nécessaires avant le platinage ; l'assemblage des semelles ; le trempement de chaque semelle dans une eau glaiseuse, pour éviter la soudure ; l'assujettisement des semelles nombrées dans une clame ou crochet en fer, ce qui forme la trousse ; l'enfournement des trousses dans le four de réverbère, et le chauffage des trousses au degré qu'elles doivent avoir.

Assemblage de semelles. Un journalier prend une demi-tenaille de semelles, tire les semelles les plus longues, les met ensemble, sépare les plus courtes, en fait autant à l'autre demi-tenaille, pour que les courtes semelles se trouvent toujours dans le milieu de la trousse, où elles sont plus à portée de s'allonger.

Trempement des semelles. Avant cette opération le maître platineur a eu soin de faire préparer, tant dans un creuset en fonte que dans une bache en bois et dans des poinçons, une terre-glaise mêlée et battue avec l'eau : pour que cette terre ait les qualités utiles à cet usage, elle doit être douce, et propre à refracter l'activité du feu, pour empêcher les feuilles de se souder ; il faut aussi qu'elle soit sans mélange de sable, ou autre corps dur susceptible de fendre ou de graveler les feuilles.

Dans cet état, un journalier ouvre chaque semelle, et la trempe dans cette eau, dont elle s'imbibe : ce trempement se fait dans celle du creuset en fonte qui est mieux préparée. Le soin du journalier doit être de veiller à ce que l'eau ne soit ni trop épaisse, de peur que les feuilles n'en soient tachées, ni trop claire, à cause de la soudure ; il renouvelle de temps à autre cette eau, avec celle du bache ou des poinçons, que l'on passe dans un crible en cuivre, pour entretenir celle du creuset dans cet état moyen.

Assujettissement des semelles. Après les avoir trempées, le journalier les nombre suivant le format, les pose à terre vers un bloc en bois, les assujettit avec un reingard, dont la pointe entre dans un trou fait dans le bloc ; les presse de manière à introduire la clame ou le crochet qui doit les contenir en trousse , et à coup de masse achève l'introduction de la trousse dans la clame.

La trousse est proportionnée au format , de manière que le platineur ne porte au marteau jamais plus de soixante à quatre-vingts livres pesant. Pour les formats de douze et treize pouces , elle est composée de trente-six paires de languettes , ou dix-huit paires de semelles, devant former soixante-douze feuilles ; pour les formats de quatorze et quinze pouces , de trente paires ; pour le format de dix-huit pouces , de vingt paires ; pour les formats de grande tôle , de vingt-quatre , trente et trente-six pouces , dont il sera question , de cinq languettes.

Enfournement des trousses. Les trousses ainsi trempées et assujetties , l'enfourneur , qui est un journalier préposé à cette opération , ou un gagiste de la forge, saisit, avec la tenaille à enfourner , chaque trousse sur le plat des semelles , et les porte ainsi toutes sur les grillons du four de réverbère , où il les dispose par rang et dans un sens latéral , de façon que la clame soit opposée au grillon ; il les enfourne du côté opposé à la lunette , l'une après l'autre , et toujours en suivant ; c'est ce côté qui reçoit le coup de feu le plus vif , et où les trousses sont les premières chauffées. Il est aidé dans cette opération , comme dans les autres , par le journalier trempeur , qui , avec un long et fort crochet en fer adapté à une chaîne de fer pendante en forme de levier, soutient, lève et pousse avec force la tenaille et la trousse, jusqu'à ce qu'elle soit sur les grillons. L'enfourneur est chargé encore du soin de nettoyer le four avec un crochet en fer : les grillons et le sol du four se trouvent de temps à autre crassis par l'écume glaiseuse des trousses, et suffirait pour refroidir le four et rallentir les chaudes.

On n'introduit dans le four que six trousses à la fois des formats de douze, treize, quatorze, quinze et dix-huit pouces, et trois à quatre trousses des autres formats de vingt-quatre, trente et trente-six pouces. Il faut pour les chauffer, une à deux heures, suivant les formats.

Chauffage des trousses. Avant la première introduction des trousses, il a fallu cinq heures pour préparer le four par gradations, et le mettre en état de les chauffer à blanc, état que l'on connaît aisément à l'éclat resplendissant que jettent la voûte et les côtés de l'intérieur du four, pour qu'il soit à son degré de chaleur.

Pour cette première opération, on peut consommer une corde de bois de moule de huit pieds de longueur sur quatre de hauteur dans la longueur du bois de quatre pieds et demi; la corde de bois peut équivaloir à un millier un quart de bois moyen en moule; le millier composé de trois cent trente-quatre buches ; la bûche est de quatre pieds et demi de longueur.

Comme il y a au platinage trois opérations, il y a trois chaudes à donner par gradation ; la première chaude est d'un feu vif et ardent ; la seconde entretient cette ardeur sans la pousser ; et la troisième chaude est d'un feu plus doux, parce qu'alors les trousses sont, en feuilles, plus susceptibles de chauffer rapidement.

C'est un des journaliers qui toque ou met le bois dans la toquerie, au commandement du platineur, soit dans le courant du platinage, soit pour chauffer de nouvelles trousses ; il est aussi chargé du soin de faire tomber dans le cendrier la braise qui surcharge la toquerie, ce qu'il fait avec un tisard en fer.

Il faut pour chauffer le four un bois mêlé ; le chêne seul aurait trop d'ardeur ; le bois blanc brule, se consomme trop vite et se rallentit de même, ensorte que, par le mélange, l'un soutient l'autre.

Platinage. Les trousses étant chauffées, l'enfourneur en retire une avec la tenaille à défourner ; il choisit la deuxième enfournée ; (la première, quoiqu'aussi chaude, se trouve trop serrée pour qu'il puisse commencer par elle) il place cette trousse sur une taque en fonte au pied du four, fait tomber la clame et retourne la trousse sur le plat des semelles. Alors, l'ouvrier préposé pour platiner, dont

dont le nom est *platineur*, s'en empare avec la tenaille à abattre les trousses, la traîne jusqu'à une grande taque en fonte, peu éloignée du marteau, où il la place dans son sens latéral, laisse ouvrir tant soit peu la trousse, y jette du poussier de charbon pour amortir la grande ardeur du feu vers le milieu de la trousse et éviter la soudure d'aucune semelle au premier coup de marteau, la ressaisit ensuite avec la même tenaille, égalise les semelles les unes vers les autres, en les frappant avec un marteau à main, et porte enfin la trousse au marteau pour l'abattre, tant en longueur qu'en largeur dans cette première opération.

A l'abattage des trousses, les coups de marteau sont plus répétés, mais moins forts qu'aux autres opérations, à raison du grand évasement qu'occupe la trousse entre le marteau et l'enclume.

Pendant cette première opération, l'enfourneur a eu soin de remplacer la première trousse par la suivante, et ainsi de suite pour les autres, de manière que la dernière place, c'est-à-dire la plus près de la lunette du four, se trouve réservée pour la trousse abattue ; et pour ne pas revenir à cette observation, il suit le même arrangement pour les autres opérations successives. On voit que cet arrangement est fait pour chauffer également toutes les trousses, soit en semelles, soit en feuilles.

Les trousses une fois abattues, l'enfourneur en

saisit une dans son ordre avec la deuxième tenaille à défourner et enfourner, et la pose à plat sur la même taque; le platineur jette dessus la première feuille du poussier de charbon, crainte de la soudure, change la trousse par moitié, de façon que la première feuille et la dernière se trouvent renfermées dans le milieu; si la trousse est trop ardente, il la parsème de poussier de charbon parmi les feuilles, les égalise en longueur et largeur avec son marteau à main, et avec la tenaille de la deuxième chaude, porte ainsi la trousse, pour la seconde fois, au marteau.

Dans cette seconde opération, il élargit les feuilles, et lorsque la trousse commence à refroidir, il cesse de la platiner, la remet sur la taque près du marteau, sépare les feuilles qui ont leur longueur et largeur, les livre à la cisaillerie au gros, et fait ensuite les changemens nécessaires pour que les feuilles les moins larges et les moins longues, disposées dans le milieu de la trousse, puissent acquérir avec les autres, après la troisième chaude et au dernier coup de marteau, toute la longueur et la largeur qu'elles doivent avoir. Cette opération s'appelle *changer les trousses*. La trousse, ainsi disposée, le platineur la livre à l'enfourneur, et celui-ci, avec la seconde tenaille, la remet au feu de la même façon et dans l'ordre déjà énoncé.

Les trousses une fois élargies, l'enfourneur,

avec la même tenaille, les retire du four chacune
à son rang, et successivement les dispose de la
même façon qu'à la première et deuxième opération, et le platineur, après le même saupoudre-
ment, le même changement et le même arrangement qu'à la sortie de la deuxième chaude, les
reporte alternativement, avec la tenaille, de la
troisième chaude au marteau, où il platine à fond
chaque trousse pour la longueur et la largeur.

A la deuxième et à la troisième opération, le
marteau bat à pleine eau et à toute force, pour
mettre à-même de profiter de la chaleur de la
trousse, et platiner à chaud.

Pendant le cours des trois opérations du platinage, le platineur a toujours vers lui un marteau
à main avec lequel il égalise, dans leur largeur,
les semelles ou feuilles qui s'écartent de la trousse,
en frappant dessus, et pour lui fournir le moyen
de les égaliser dans leur longueur, il y a derrière
l'enclume, et enfoncé dans le stoch vis-à-vis le
platineur, un grand coin en fer, contre lequel il
pousse avec force la trousse, pour ramener dedans
la semelle ou la feuille qui s'en éloigne.

Le platinéur a soin encore, pendant le cours
de ces opérations, et pour platiner également de
changer de temps à autre la tenue de la trousse,
de façon que la partie pincée par la tenaille se
trouve reportée vers le coin du fer opposé, et
l'autre

l'autre partie est retenue à son tour par la tenaille ;
il retourne aussi de temps à autre la trousse sans
dessus dessous, en opposant la partie qui portait
sur l'enclume au coup de marteau, et reposant
l'autre sur l'enclume : il doit faire ce changement
promptement et avec dextérité, de peur que le
marteau, en retombant, n'écrâse la trousse.

Si, dans le courant du platinage, des feuilles
s'échappent et tombent dans le four, l'enfourneur
les reprend avec une tenaille un peu plus petite
que la deuxième à défourner, mais de forme semblable et proportionnelle. Ainsi finit le platinage.

Il y a toujours deux platineurs qui se succèdent
alternativement dans les trois opérations, pour
porter au marteau et platiner, et qui sont relevés,
après la tournée finie, par deux autres qui en font
autant. Chaque platineur est servi, dans son travail, par un journalier.

La tournée d'un platinage est de douze trousses
de la durée de cinq heures ; savoir, deux heures
et demie pour laisser chauffer, et deux heures et
demie pour platiner ; dans cette tournée, on peut
user une demi - corde de bois, ce qui fait douze
cordes pour vingt-quatre platinages.

L'attention du platineur doit se porter sur le
trempement des semelles, l'entretien du feu au
four de réverbère, le chauffage des trousses, et
principalement à éviter les défauts du platinage,

qui peuvent être l'inégalité dans l'épaisseur des feuilles , lorsqu'il n'a pas su ménager la force du feu du milieu de la feuille , et qu'il l'a portée vers les deux côtés ; lorsqu'il a souffert le marteau battre plus d'un côté que de l'autre ; qu'il a négligé la disposition des feuilles dans le changement , ou enfin , qu'il a laissé battre le marteau à froid , défauts qu'il peut parer en partant avec égalité et proportion , du centre du fer vers les extrémités , et aminçant toujours sur les bords , et en profitant de la chaleur de la trousse.

Après le platinage , comme dans le cours du platinage à la deuxième chaude , on cisaille les feuilles en gros : les platineurs eux-mêmes et leurs servans s'en occupent. Pendant la deuxième chaude ils cisaillent, dans l'intervalle de leur repos alternatif, les feuilles sorties des trousses, et après le platinage , ils achèvent de cisailler les trousses. Les cisailles sont disposées et assujetties d'une branche sur un grand banc en bois , fort et large , devant lequel le platineur cisaille , étant debout. Chaque cisailleur est muni d'une petite tenaille à main , d'un liseau , d'une mesure , et à côté de lui est une grande plaque en fer battu : avec la tenaille , il présente les feuilles à la cisaille ; le liseau lui sert à frapper les feuilles pour les détacher l'une de l'autre , lorsqu'elles tiennent ensemble ; la mesure en fer a un demi-pouce d'excédant à la longueur et à la largeur du format; cet excédant est nécessaire à l'étameur pour faire cisailler au juste ; le cisailleur dispose sur la plaque les feuilles cisaillées, les unes sur les autres , en paquets appelés schocs.

L'attention du cisailleur en gros doit être de ménager les feuilles légèrement soudées, en les détachant l'une de l'autre adroitement, soit avec le tenaille, soit avec le liseau ; de disposer à la cisaille les feuilles qui présentent des difficultés à cause de gersure ou fente, de manière à en tirer parti; de ne point mettre dans le schoc des feuilles fendues au-dessus de mesure, qui seraient rebutées à la cisaillerie au juste , et reviendraient en déduction de compte pour le platineur. Lorsqu'il se trouve des feuilles au - dessous de mesure , le cisailleur doit examiner si elles sont fortes en fer; dans ce cas, il les cisaille à six ou huit pouces de largeur, suivant le format, et à un pouce de longueur au-dessous de celle que doit avoir le format, ce qui s'appelle les mettre en rentrée, parce qu'elles doivent, étant ensuite mélées dans les trousses en feuilles, repasser au four et sous le marteau où elles acquièrent leur longueur et largeur : dans le cas contraire, où les feuilles se trouvent trop minces, elles restent en feuilles de rebut noir ; enfin , le cisailleur en gros doit prendre garde à bien nombrer les feuilles qui doivent former la composition du schoc.

Le schoc est composé de cent vingt feuilles pour les formats de douze et treize pouces, et de soixante feuilles pour les formats de quatorze, quinze et dix-huit pouces. Par chaque tournée de platinage, en admettant que toutes les feuilles viennent à bien, on a pu obtenir sept schocs et vingt-quatre feuilles du format de douze pouces, ce qui donne deux caisses et deux cent soixante-quatre feuilles, la caisse contenant trois cents feuilles ; douze schocs des formats de quatorze et quinze pouces, ou deux caisses et cent vingt feuilles, et huit schocs du format de dix-huit pouces, ou quatre cent quatre-vingts feuilles : ensorte que l'on peut calculer sur la fabrication moyenne de deux cent vingt caisses par mois, ou trente-trois à trente-six milliers pesant. On peut platiner l'espace de six mois pleins.

Au fur et à mesure que les feuilles se trouvent cisaillées et nombrées, le cisailleur les porte, par demi-schoc, sur la plaque en fonte qui est vers le marteau à platiner, ainsi de suite, et par ordre de demi-schoc, jusqu'à la fin de l'opération de la cisaillerie en gros sur toutes les trousses du platinage actuel : avant d'en entreprendre un autre, chaque platineur porte alternativement chaque demi-schoc sous le marteau, qui bat lentement et à mi-coup, et plane ainsi les feuilles, en changeant et retournant le paquet comme au platinage. Le planage achevé, on réunit les demi-schocs en schocs, on en prend compte, et ils sont livrés aux étameurs.

Comme on a annoncé à l'article *martinet*, qu'il serait question à l'article *platinerie* de la fabrication des formats de vingt-quatre, trente et trente-six pouces, c'est le moment d'en donner le détail.

Pour parvenir à la fabrication de ces formats, ayant obtenu à l'affinerie les barres de fer des dimensions et qualités qui y sont énoncées, on marque sur la barre la dimension de longueur que doit avoir la languette suivant chacun de ces formats : ainsi, pour le format de vingt-quatre pouces, la languette est de trente-six-pouces, pliée en deux réduite à dix-huit, pesant environ dix livres ; pour le format de trente pouces, la languette de quarante-huit pouces réduite à vingt-quatre, pesant environ quinze livres ; pour le format de trente-six pouces, la languette de cinquante-deux réduite à vingt-six, pesant environ vingt-deux livres. Chaque languette, mesurée et proportionnée, est coupée à froid et ensuite chauffée au feu de l'affinerie, sans distraire le travail ordinaire ; puis est pliée en deux entre deux barres fortement assujetties, et enfin, ajustée, à coup de masse, comme les autres languettes. On fait chauffer à blanc, dans le four de réverbère, et au-dessous des trousses, ces languettes de grand format, qu'on élargit en semelle sous le marteau à platiner, où elles acquièrent , à quelques pouces près, leur longueur, sur huit et dix pouces de largeur; on fait tremper ensuite ces semelles de la même manière que les autres, mais dans une eau de glaise plus épaisse : enfin, on les met dans le four de réverbère vers la fin d'un platinage, où elles remplacent les trousses des moindres formats, à mesure que celles-ci se trouvent platinées à fond.

Le platinage de ces grands formats demande beaucoup de précaution : il faut deux servans qui, avec un ringard, aident à porter la trousse au marteau, indépendamment du platineur, qui la tient avec la tenaille ; en platinant, ces deux servans, avec des tenailles, tirent et poussent la trousse, suivant le besoin de la platiner sur les bords , au milieu et aux extrémités ; pour la retourner, on arrête le marteau, et le platineur agit comme dans le platinage des autres formats : il doit prendre garde, en platinant le côté de la trousse qui est à sa gauche , de laisser toucher le côté de la droite par les sabots de l'arbre, qui fracasseraient la trousse et pourraient le faire blesser.

Pour former les languettes des grands formats et les élargir, les platineurs et leurs servans saisissent le temps de repos d'un platinage à l'autre, pendant que les trousses des moindres formats chauffent. Après le platinage, pour contenir ces grands formats dans le droit du fer et empêcher qu'ils ne boursouflent ou ondulent, en refroidissant, on les serre encore chauds entre deux plaques en fonte bien unies, que l'on charge fortement.

On fabrique aussi du format du trente - deux pouces sur treize, et quinze pour les tuyaux de poële, ainsi que des formats de vingt-quatre sur vingt et de quarante sur vingt. Le poids et la dimension des languettes sont proportionnées au format; mais tous ces grands formats ne sont mis en fabrication que sur commande, pour les dimensions et à prix convenu.

Pour planer à fin les grands formats, et même les moyens, on se sert d'un marteau en fer du poids de cinq cents livres : l'aire du marteau présente une surface plane d'un pied en quarré, acérée, ferme et unie comme une glace, battant sur une enclume d'une surface égale. On chauffe à tiède les paquets de feuilles de grand format, cisaillées au juste; on les porte sous le marteau à planer, et en quatre ou six coups le paquet est abattu; les feuilles sont serrées et unies justes dans leur quarré, et prêtes à recevoir les liens de rognure qui les fixent.

Le déchet pour tous les formats peut être de deux à quatre pour cent pesant.

La rognure et le rebut peuvent aller de quinze à vingt pour cent à la cisaillerie en gros, indépendamment de huit à dix pour cent, réservés à la cisaillerie au juste.

Le prix moyen du bois de moule moyen a pu être, depuis dix ans, de 12 livres la corde, faisant un millier un quart environ de bois ; le millier composé de trois cent trente-quatre bûches, la bûche de quatre pieds et demi de longueur.

Le salaire du platineur est de 5 sous par schoc pour les formats de douze, treize, quatorze, quinze et dix-huit pouces. Le maître platineur gagne 7 sous par schoc ; mais il veille sur tous les travaux du martinet, de l'élargisserie et de la platinerie : avant lr platinage, il a dû poser le marteau sur l'enclume de manière que le milieu de l'aire et de l'enclume se correspondent plus que les deux extrêmités, pour éviter d'allonger trop, si le marteau penchait vers la tête, ou de faire fendre s'il portait sur le derrière : le maître platineur a, en outre, l'entretien de l'ordon, du marteau, des outils, et en prend soin : il reçoit immédiatement les ordres pour tout le temps que l'on doit platiner, ainsi que pour les changemens imprévus et nécessaires dans le cours du platinage.

Le salaire pour les grands formats de tôle, peut être évalué à raison de 5 livres par millier pesant.

Le choix des ouvriers pour les trois ordons du martinet, de l'élargisserie et de la platinerie consiste, après les bonnes mœurs, à les trouver dociles au commandement et à l'ouvrage, et à les avoir ; autant que faire se peut, à toute main ; c'est-à-dire, qu'ils sachent étirer les languettes, élargir et platiner, parce qu'alors ces trois opérations se ressentent mieux de la bonté des ouvrages ainsi suivis par les mêmes ouvriers.

On va donner maintenant la description du four de réverbère, des outils et des instrumens nécessaires au platinage.

FOUR DE RÉVERBÈRE.

Le plan extérieur du four, en pierre, présente un parallélograme de quatorze pieds de longueur sur neuf pieds de largeur.

Hauteur du four. Elle est de huit pieds trois pouces au-dessus de la fondation ; les quatre encoignures sont serrées par des liens en barres de fer.

Intérieur du four. Sa longueur centrale est, depuis la porte d'entrée où l'on enfourne jusqu'au côté vis-à-vis, de quatre pieds, et depuis le côté de la lunette, jusqu'à celui opposé, de cinq pieds deux pouces.

Hauteur centrale. Elle est de deux pieds et demi.

La forme intérieure du four est presque circulaire, et maçonnée en brique ; si c'était en grès, ce serait mieux pour la reverbération du feu.

Lunette du four, par où s'introduit la flamme : cette lunette est placée vers le second angle, sur la gauche de la porte d'entrée où l'on enfourne ; sa hauteur est de quatorze pouces ; sa largeur est de douzs pouces ; elle est en fonte, de la forme d'un quarré long ; la pente, depuis le bas de la lunette vers la toquerie, est de trois pieds.

Toquerie du four. Elle est disposée vis-à-vis la lunette, et maçonnée en brique comme l'intérieur du four. De la porte de la toquerie à la lunette, la longueur est de cinq pieds ; la largeur vers le bas de la lunette est de treize pouces, de seize pouces au milieu de la toquerie, et d'un pied vers la porte ; la hauteur intérieure de la toquerie est de deux pieds quatre pouces.

Il y a dans la toquerie six petits grillons en fonte, de la longueur de trois pieds et demi sur l'épaisseur de quatre pouces : le surplus des grillons, qui ne paraît, est renfermé dans la maçonnerie.

Le portail en fonte de la toquerie, placé vis-à-vis de la lunette, présente une forme quarrée de quinze pouces de hauteur sur un pied de largeur, dont les barreaux ont trois pouces d'épaisseur sur toute face.

Le cendrier est au-dessous de la toquerie ; sa

longueur jusqu'à la porte est de cinq pieds, sa hauteur de denx pieds, et sa largeur de deux pieds huit pouces.

Il y a dans l'intérieur du four trois chenets en fonte, dont un est posé au centre, et les deux autres sont placés vers les angles les plus près de la porte où l'on enfourne : chaque chenet a dix-huit pouces de longueur, sept pouces de hauteur et six pouces de largeur. Il y a sur chaque chenet deux ouvertures pour recevoir les grillons ; chaque ouverture est de quatre pouces de hauteur sur un pouce et demi de largeur ; il y a de plus quatre grillons en fonte, qui sont posés sur les trois chenets ; chaque grillon a deux pieds et demi de longueur, cinq pouces de hauteur et quatre pouces de largeur jusqu'à la partie qui entre dans l'ouverture des chenets.

Le portail du four par où l'on enfourne, placé du même côté que le marteau, est un parallélograme en fonte, de la hauteur de quatorze pouces et de la largeur de vingt-huit pouces, dont les barreaux ont d'épaisseur chacun six pouces sur deux faces et quatre pouces sur deux autres.

Au bas du portail est un escalier en pierre.

———

OUTILS ET INSTRUMENS.

1.º Le *creuset* en fonte est un vieux creuset d'étamerie, dont la forme et les dimensions sont les mêmes. On se sert à la manufacture de ce creuset pour tremper, au lieu de poinçon, comme ailleurs, parce qu'en hiver, dans les fortes gelées, en entretenant du charbon embrâsé dessous, on évite que l'eau glaiseuse ne vienne à geler, et on n'est pas obligé de la gâter en jetant dedans des boulons en fer rougi au feu pour la dégeler.

2.º Le *crible*, en cuivre rouge, est de huit pouces de longueur sur quinze de largeur, armé de son anse en fer.

3.º Le *ringard* à serrer les trousses est de quatre pieds de longueur : il a huit pans, et il est arrondi au bout; chaque pan est de quinze lignes de largeur.

4.º Le *tisard* est de sept pieds de longueur, terminé en fourche à deux branches, de deux pouces chacune : le tisard a huit pans; chaque pan est largé d'un pouce.

5.º Le *crochet* à nettoyer le four a sept pieds en fer rond, avec un manche de bois au bout; la courbe du crochet a sept pouces de longueur, un pouce de largeur et six lignes d'épaisseur.

6.º Le *crochet*, en fer, à pousser les tenailles, a huit pieds et demi de longueur, dont une partie de trois pieds et demi, en fer rond, d'un pouce et demi d'épaisseur, et l'autre partie, de cinq pieds en fer quarré d'un pouce et demi d'épaisseur ; cette dernière partie est exhaussée sur l'autre par une courbe d'un pouce : le bout du crochet est recourbé d'un pouce et demi.

7.° La *clame* à serrer les trousses est un barreau en fer plié en double équerre, dont l'ouverture et la force sont proportionnées au format.

8.° La *tenaille* à enfourner les trousses, a sept pieds et demi de longueur ; les mords ont l'ouverture de six pouces vers le milieu et de cinq pouces et demi à la pince ; chaque mord a un pied de longueur, un pouce et demi de largeur, six lignes d'épaisseur, et une ligne d'épaisseur à la pince.

9.° La *tenaille* à défourner a sept pieds et demi de longueur ; l'ouverture des mords est de cinq pouces vers le milieu et de quatre pouces et demi à la pince ; chaque mord a huit pouces de longueur, un pouce et demi de largeur, un demi pouce d'épaisseur, et une ligne d'épaisseur à la pince.

10.° La *seconde tenaille* à enfourner et défourner, servant à la fin de la deuxième opération et pour la troisième opération du platinage, a sept pieds et demi de longueur ; l'ouverture des mords est de deux pouces vers le milieu, et d'un pouce et demi à la pince ; chaque mord a huit pouces de longueur, un pouce et demi d'épaisseur, et une ligne d'épaisseur à la pince.

11.° La *tenaille* à reprendre les feuilles dans le four est un peu plus petite que la seconde tenaille à défourner, mais dans la même forme proportionnelle.

12.° La *tenaille* à abattre les trousses de la première chaude a deux pieds huit pouces de longueur; l'ouverture des mords est de trois pouces huit lignes vers le milieu et trois pouces six lignes à la pince; chaque mord a six pouces de longueur, un pouce quatre lignes de largeur, six lignes d'épaisseur, et une ligne d'épaisseur à la pince.

13.° La *tenaille* à élargir les trousses de la deuxième chaude a la même longueur que la première : l'ouverture des mords est de deux pouces huit lignes vers le milieu, et de deux pouces six lignes à la pince; chaque mord a même longueur, largeur et épaisseur.

14.° La *tenaille* à platiner à fond de la troisième chaude, a la même longueur que les deux autres : l'ouverture des mords est d'un pouce quatre lignes vers le milieu, et un pouce deux lignes à la pince; chaque mord a même longueur, largeur et épaisseur.

15.° La *tenaille* à main, pour la cisaille, a un pied de longueur : l'ouverture des mords est de quatre lignes, pinces fermantes; chaque mord a trois pouces de longueur, un pouce de largeur, quatre lignes d'épaisseur, et une ligne d'épaisseur à la pince.

16.º Le *liseau* en fer à battre les trousses, a deux pieds de longueur, étiré en forme de lame de la largeur d'un pouce sur quatre lignes d'épaisseur, et une ligne au taillant.

17.º Les *cisailles* en gros ont quatre pieds de longueur : chaque branche, recourbée au bout d'un demi pied, a deux pieds et demi de longueur, un pouce et demi de largeur sur huit lignes d'é-paisseur; chaque courbe a un demi pied de lon-gueur et un pouce quarré d'épaisseur; les courbes se croisent et sont opposées l'une à l'autre.

18.º La *mesure en fer*, longue à proportion du format à cisailler, est de la largeur de neuf lignes, garnie de deux boutons en fer, dont l'un, le plus près de la main et d'un pouce de hauteur, marque jusqu'au bout de la mesure la longueur du format; et dont l'autre, de six lignes de hauteur, placé après le premier, marque également jusqu'au bout de la mesure la largeur du format; c'est-à-dire, que l'espace entre le premier bouton, et le bout de la mesure est, pour le format de douze pouces, de la longueur de douze pouces et demi, et l'espace entre le second bouton et la même extrémité est de la largeur de neuf pouces et demi; cet excédant de lignes reste pour la cisaillerie au juste; à l'égard de cet excédant, il en est de même pour les au-tres formats. Le manche de la mesure a, suivant les formats, six à neuf pouces de longueur sur une épaisseur de six lignes, et est surmonté d'un demi-cercle en fer, aplati et terminé en forme de taillant, d'un pouce de largeur, dont le cisailleur se sert pour détacher les feuilles soudées légèrement ensemble. Le bout de la mesure est recourbé de six lignes.

DEUXIEME PARTIE.

DEUXIÈME PARTIE.

ÉTAMERIE.

CISAILLERIE AU JUSTE.

Les schocs livrés aux étameurs, et arrangés dans l'ordre de leurs formats, le maître étameur et ses compagnons travaillent à les cisailler au juste : pour cet effet, assis sur leurs bancs, élevés à hauteur d'appui, leurs pieds posés sur un autre banc au-dessous, et chacun d'eux, ainsi rangé entre les paquets de feuilles qu'il doit cisailler, et les cisailles, dont une des branches est assujétie au banc ; la main gauche munie d'un morceau d'étoffe forte, pour ne pas se blesser en maniant les feuilles ; en prend une ou deux à-la-fois, suivant la force du format ; et de l'autre main, après avoir mouillé l'extrémité recourbée de la mesure au juste, il appuie le bouton de la longueur contre une des extrémités de la feuille, forme plusieurs points à l'autre extrémité, indicatifs de la ligne où il doit cisailler, en fait autant sur la largeur de la feuille, et la cisaille ensuite au juste, en suivant directe-

D

ment les points indicatifs; il vérifie après avec la mesure, et rajuste avec les cisailles ce qu'il a laissé de trop.

Les étameurs distinguent en trois paquets les feuilles cisaillées ; savoir : en paquets de feuilles propres à être étamées, en paquets de feuilles qui doivent rester en noir, et en paquets de feuilles au-dessous de leur longueur et largeur, et qui doivent être rendues aux platineurs, en déduction de compte, pour être remises en rentrée, et repasser au four de reverbère et sous le marteau.

Lorsque les étameurs ont une certaine quantité de feuilles cisaillées, ils comptent les feuilles propres en paquets appelés *iffles*; ils disposent ces iffles sur des rayons en bois, où ils les casent suivant les formats ; ils casent sur d'autres rayons, par nombre de cinquante, les feuilles qui doivent rester en noir ; et enfin, ils mettent à part, par compte de schoc, les feuilles rebutées.

Si le format doit rester en noir, l'étameur les compte par vingt-cinq paires, ou cinquante feuilles, et les casent ainsi à part. Ordinairement, les formats de treize, quatorze, quinze et dix - huit pouces ne se mettent en blanc que sur commande. Dès qu'il y a un assez grand nombre de paquets de cinquante feuilles, l'étameur les porte sur la balance, au nombre de six paquets, donnant trois cents feuilles, et formant la composition de la caisse, excepté le format de dix-huit pouces, qui reste en paquet de cinquante feuilles, que l'on lie avec de fortes rognures sur l'emballoir, pour être ainsi vendu. Quant aux autres formats, l'étameur les ajuste à leur poids et les encaisse.

Les trois cents feuilles du format noir, dont la feuille a douze pouces de longueur sur neuf de largeur, doivent peser, indépendamment de la caisse, cent cinquante livres ; du format de treize sur dix, deux cents livres ; du format de quatorze sur dix et demi, deux cent cinquante livres ; du format de quinze sur onze, deux cent quatre-vingts livres ; chaque caisse est marquée sous différentes lettres, dont on la désigne. Ces formats se vendent sous la condition stricte et connue des pesées qui y sont adaptées, et l'on ne pourrait y faire de changement sans en avoir prévenu à l'avance les marchands. Le paquet du format de dix-huit pouces sur onze, douze et treize, composé de cinquante feuilles, peut peser de quatre-vingts à cent livres. Les formats de grande tôle, de vingt-quatre pouces et au-dessus, sont liés par paquet de cinq ou dix feuilles, suivant le format. Comme ces formats se vendent à la livre, il est indifférent et inutile que chacun d'eux ait une pesée fixe.

Les paquets de feuilles noires, propres à être étamées, et appelés iffles, sont composés par iffle de soixante-six paires, ou cent trente-deux feuilles des formats de douze, treize, quatorze et quinze pouces, et un tiers moins pour le dix-huit. Chaque étameur doit toujours avoir à l'avance au moins quatre iffles cisaillées, pour entretenir la cave.

L'attention de l'étameur, en cisaillant, doit se porter sur la justesse de la feuille cisaillée et sur le choix des feuilles : il ne doit admettre pour le blanc que les feuilles d'un beau lustre, ou qui ne sont tachées que d'une crasse roussâtre, dont la teinte légère et peu tenace s'enlève facilement au décapage ; il doit laisser en noir les feuilles graveleuses, trouées, pailleuses ou fortement imprégnées de terre, ainsi que celles qui ont été durcies, brûlées ou agacées par des coups de feu ; enfin, il doit rebuter les feuilles fendues ou celles qui se trouvent au-dessous de mesure.

———————

OUTILS.

Les mesures des étameurs sont comme celles détaillées à l'article de la *cisaillerie* en gros, excepté qu'elles sont justes dans leurs dimensions de longueur et de largeur.

Les cisailles ont trois pieds et demi de longueur, et pour le surplus des dimensions, elles sont comme celles décrites à l'article de la cisaillerie en gros.

L'emballoir est une machine en bois, propre à

lier les paquets du format de dix-huit pouces. Cet emballoir a une forme de trépied, dont chaque face est montée sur un pied en bois, de la hauteur de dix-huit pouces : il est composé de deux plateaux en bois, dont l'un a trois pieds ; et l'autre, qui le joint d'équerre dans le milieu, a deux pieds de longueur sur six pouces de largeur chacun. Sur le premier plateau, s'élèvent à angle droit deux montans parallèlles, en bois, de la hauteur d'un pied chacun sur cinq pouces de largeur. Un des montans est garni de trous, posés à un pouce de distance, les uns au-dessus des autres, à des places différentes ; l'autre montant est fendu en fourche, depuis sa hauteur jusqu'à deux pouces près du bas ; chaque côté de la fourche est garni de trous correspondans, où passe un fichet en fer pour serrer le ringard qui doit assujettir les feuilles : ce ringard a la pointe enfoncée dans un des trous du premier montant, et l'autre partie du ringard passe entre les deux fourches de l'autre montant : c'est sur cette partie du ringard que l'on fait serrer le fichet en fer. Le paquet du format de dix - huit pouces, posé en long, en partie sur la longueur du petit plateau, et en partie sur celui des montans, dont il déborde de six pouces, se trouve serré vers le milieu par le ringard ainsi assujetti : cette opération facilite à l'étameur le moyen de lier le paquet.

D 3

D É C A P A G E.

Aussitôt qu'on est en état d'étamer, le maître étameur fait faire les caves du décapage ou de l'épurement du fer. La cave où se décape le fer est un berceau bien fermé, dans l'intérieur duquel sont disposés des poinçons, par rang de cinq poinçons : quatre de ces poinçons sont faits pour décaper à cave renouvellée, et le dernier poinçon sert à conserver le vieux levain, aussi l'appelle-ton *la mère cave*, en ce qu'elle ne se renouvelle jamais, et qu'on ne fait que l'entretenir avec du nouveau seigle, en prenant la précaution d'enlever de temps à autre le mauvais. Les compagnons étameurs remplissent d'eau les quatre premiers poinçons ; et pour faire la première cave à décaper, ils jettent dans deux de ces poinçons, et par chacun d'eux, un boisseau un quart de seigle à un boisseau et demi, en y comprenant l'entretien pendant la tenue de la cave jusqu'à son renouvellement : ce seigle est de bonne qualité, et mi-moulu. Avant cette mise de seigle, ils ont allumé, au milieu de la cave, un brâsier de charbon, dans lequel ils ont fait rougir des boulons ou maquettes de fer, pour plonger deux de ces boulons rougis dans chacun des deux poinçons, ce qui tiédit l'eau et la prépare à la fermentation : ils laissent passer vingt-quatre heures pour former cette première cave, et la disposer à recevoir les feuilles : au bout de vingt-quatre heures, les étameurs vont chercher dans la cisaillerie chacun quatre iffles de feuilles noires ; ils les arrangent dans l'ordre suivant : deux feuilles sont placées également l'une vers l'autre, à deux pouces de distance ; une troisième feuille est posée dans le sens des deux autres, mais au milieu, savoir, en partie sur l'une et en partie sur l'autre ; trois autres feuilles suivent dans le même arrangement et tout le paquet ou l'iffle est distribué de la même manière ; ensuite l'étameur saisit des deux mains l'iffle ainsi arrangé, et le plonge verticalement dans le fond d'un des côtés du poinçon ; il met, de cette manière, deux iffles dans le même poinçon, ce qui fait quatre iffles pour la première cave ou les deux poinçons ; il a soin, de temps en temps, de désserrer avec un sabre de fer les iffles enfoncés et accotés dans les poinçons, pour faire jouer les feuilles et leur donner de l'air.

Pour former la deuxième cave, il répète dans les deux autres poinçons le même mélange d'eau et de seigle que dans les premiers, y fait tiédir et fermenter l'eau avec les boulons, et attend vingt-quatre heures pour la perfection de cette seconde cave, et pour changer la première. Les vingt-quatre heures écoulées, les étameurs descendent à la cave quatre autres iffles de feuilles, retirent des deux

premiers poinçons les qnatre anciens., qu'ils re-
plongent dans la deuxième cave avec le même
arrangement ; ensuite ils mettent de la même manière les quatre nouveaux iffles dans la première
cave : vingt-quatre après , ils sortent le fer de la
deuxième cave pour le plonger dans la mère cave ,
transportent celui de la première dans la deuxième,
et garnissent la première de nouveaux iffles. Cet
arrangement et cet encavage sont constamment les
mêmes. Au bout de vingt-quatre heures , ils sont
en état de livrer aux récureuses les iffles de feuilles
plongées dans la mère-cave. A chaque encavage ,
les étameurs remuent le seigle avec une pelle de
bois ; celui qui est noirci et qui surnage sur la surface de l'eau en est retiré et jetté comme hors
d'état de servir davantage.

L'étameur doit surveiller avec attention les caves , pour l'entretien du feu dont le degré de chaleur doit être celui d'un bain chaud jusqu'à trans-
piration ; pour la qualité et la maintenue du seigle
dans les poinçons ; pour le désserrement des iffles
accotés dans les poinçons , et sur-tout , en sortant
de la mère-cave , pour l'épurement des feuilles
qu'il doit laisser encavées plus long-temps , si l'é-
purement est douteux. Il est rare que cette opération manque lorsque le fer a été bien trié , que
le seigle est de bonne qualité , et que les caves ont
été bien préparées, bien chauffées, bien entretenues,

et qu'elles sont en bon train : seulement, dans le renouvellement d'un décapage, les caves exigent plus de soins, et les iffles ont quelquefois besoin de plus de tenue, principalement dans la mère-cave.

Le seigle de chaque cave peut y servir l'espace de quinze jours au plus, en le supposant de bonne qualité, en suivant la continuité de l'encavage sans suspend, et l'entretien qu'on doit y apporter. Au bout de quinze jours au plus, on renouvelle les caves des quatre premiers poinçons, tant en eau qu'en seigle, excepté le poinçon de la mère-cave, qui reste toujours sans être vidé.

OUTILS ET INSTRUMENS.

1.º Les poinçons sont des poinçons du pays, contenant deux cent quarante pintes.

2.º Les boulons sont des maquettes de fer ou des barres, dont une extrémité est restée sans être forgée : chaque boulon est de différente grandeur, mais au moins de trois pieds.

3.º La pelle en bois, pour remuer le seigle, a trois pieds de longueur.

4.º Le sabre à désserrer les iffles a vingt-six pouces de longueur, dix-huit lignes de largeur et quatre lignes d'épaisseur, terminant en tranchant sur l'un des bords.

RÉCURAGE.

Dès que les iffles de feuilles ont fait leur temps dans les trois caves, et que les étameurs jugent ceux de la mère-cave bien épurés et en état d'être récurés, ils les livrent alors aux récureuses. Ces récureuses sont des femmes ou filles d'ouvriers de la forge, assez fortes pour faire cet ouvrage, qui ne laisse pas que d'être dur. Pour récurer elles se rangent debout, le long du banc à récurer, chacune devant un creuset en pierre; elles sont élevées sur un autre banc, qui est au-dessous de celui à récurer, et qui a la même longueur; le creuset est rempli d'eau propre; elles ont derrière elles des poinçons également pleins d'eau claire et propre; elles plongent chacune dans le creuset un paquet de feuilles, et, la main droite munie d'étoffe grossière, forte et pliée en peloton, elles imbibent d'eau ce peloton; puis elles le frottent dans un tas de sable fin de rivière qui est à côté, et récurent chaque feuille qu'elles sortent du creuset avec ce sable fin; elles font ce récurage avec force, examinant souvent la feuille, la replongeant à diverses reprises dans le creuset, pour la frotter et récurer encore. Lorsqu'elles ont une quantité de feuilles récurées, elles les comptent par iffles, et les plongent, en paquets de feuilles ainsi comptées, dans un des poinçons qui est plein d'eau claire.

Leur attention doit être de ne laisser aucune tache sur les feuilles , tache qu'elles doivent enlever, si elles résiste au sable, en la grattant avec un couteau pour en faciliter le recurement ; de ne pas souffrir sur la feuille la plus légére pellicule ou paille ; et enfin , de donner au fer récuré le plus beau lustre qu'il puisse avoir en noir. Elles doivent également changer l'eau trop salie du creuset , en l'écoulant par un conduit qui est dans un des angles du fond du creuset , et en le remplissant de nouvelle eau. Enfin , après le récurage , elles doivent assujettir et enfoncer les iffles récurés et plongés dans les poinçons , avec de grosses pierres , pour empêcher que les feuilles de dessus ne sortent de l'eau, et qu'exposées à l'impression de l'air , elles ne viennent à se rouiller. C'est pour éviter cet accident qu'il est encore de leur soin de maintenir toujours les poinçons pleins d'eau.

Chaque récureuse a par jour deux iffles et demi à récurer. En supposant le travail dans toute sa vigueur, il doit y avoir cinq récureuses : le salaire de chacune d'elles est de 9 sous par jour.

OUTILS ET INSTRUMENS.

Il faut une provision de mauvaises étoffes fortes, et du sable de riviére.

Chaque creuset à récurer, en pierre, est adapté dans la maçonnerie, vis-à-vis les fenêtres de la récurerie; il a dix-huit pouces quarrés, composé de quatre plateaux en pierre, de six et huit pouces d'épaisseur chacun.

Le banc à récurer en bois contient toute la longueur de la quantité de creusets qu'on peut avoir; il est adapté en pente vers chaque creuset; sa largeur est de dix-huit pouces, avec un rebord vers la récureuse; il est appuyé sur un plateau en bois, de la même longueur, et ce plateau est porté sur des pieux posés sur le sol.

Les poinçons sont comme au décapage.

***

ÉTAMAGE.

Lorsqu'il existe une quantité suffisante de fer récuré pour commencer l'étamage, le maître étameur a soin de tenir son creuset plein d'étain jusqu'à la hauteur qu'il doit avoir.

Si l'étain est en gros blocs ou saumons, ces saumons sont d'abord fondus dans un creuset en fonte, fait exprès, où l'on puise l'étain fondu avec la cuiller de l'étamage, pour le verser dans des moules à petits saumons moins épais. Dans cet état, ces petits saumons sont plus propres à remplir le creuset à étamer jusqu'à une hauteur donnée, qui est à deux pouces près du bord.

Tout étain dur ou mêlé de plomb ne vaut absolument rien ; le mélange seul du cuivre rouge, en quantité suffisante, entretient son mordant ou le lui rend.

La veille que l'on doit étamer, le creuset étant plein, on jette dans la toquerie du creuset, et sous le creuset même, une rasse de charbon, que l'on allume ; lorsque l'étain est en liquefaction seulement, le gât de l'étamerie, avec une grande cuiller de fer battu, allongée d'un manche de bois, purifie l'étain de la crasse qui y est incorporée : pour cet effet, il plonge la cuiller dans le creuset, la remplit, l'élève à une certaine hauteur, répand l'étain dans le creuset, et réitère cette manœuvre jusqu'à ce que la crasse détachée surnage vers la superficie ; alors, avec une écumoire à main, il ôte cette crasse du creuset, après avoir laissé égoûter l'étain, et la met à part, pour être refondue. Cette opération doit être faite avec précaution de la part du gât, pour n'être point blessé par le jaillissement subit de l'étain.

Dans la nuit, quelque temps avant l'étamage, le gât répète la même manœuvre ; ensuite le maître étameur s'empare du creuset. Les compagnons ont eu soin d'aller chercher à la récurerie, des iffles de feuilles récurées, et d'en remplir un poinçon plein d'eau qui est près du creuset. Tout étant disposé pour l'étamage, on jette le bois de moule dans la toquerie pour mettre en feu. Le maître étameur fond le suif blanc sur la surface de l'étain ; ensuite le suif noir, par proportion suffisante pour couvrir en entier cette surface, et l'entretenir dans un bain égal, de manière que cette surface en fusion ne soit pas saisie par l'air extérieur, qui en corromprait la chaleur. Quand le maître étameur juge le creuset suffisamment chaud et l'étain en bonne fusion, il saisit, avec la tenaille à plonger, un iffle de feuilles récurées, le plonge verticalement et avec force dans le creuset, et met ainsi trois paquets de suite dans le creuset, et de la même manière ; de-là il prend un bâton, fort, de cinq pieds de longueur ; il presse de la pointe du bâton sur une des extrêmités ou longueur des paquets placés les uns sur les autres ; fait soulever, par ce moyen, l'autre extrêmité, la ramène à lui, et fait tourner par trois fois les paquets de feuilles dans le même sens ; ensuite, avec le même bâton, il les fait encore tourner par trois fois, dans leur sens latéral, de gauche à droite. Ce roulement fini, il jette de l'eau dans le creuset, et contient avec le ponton les paquets de feuilles ; l'eau qu'il a jetée fait boursoufler le suif et le congèle à la surface ; puis il le ramasse avec l'écumoire et le verse dans une chaudière en fonte qui est à sa gauche ; enfin, avec la tenaille à étamer, il tire du creuset les feuilles étamées, l'une après l'autre, et les passe rapidement au compagnon étameur qui est à sa droite. Cette opération s'appelle *étamer*.

Le compagnon étameur reçoit chaque feuille étamée, la saisit avec une tenaille, et la trempe dans une moindre partie du creuset qui est coupée dans sa longueur intérieure jusqu'au haut, par une feuille faite exprés pour ce partage : dans cette partie du creuset, l'étameur a fondu du suif blanc. Ce trempement qu'il fait dans le sens latéral de la feuille, est pour l'étamer à blanc, la perfectionner dans les parties qui sont manquées, et pour faciliter l'écoulement du superflu de l'étain. Cette opération s'appelle *tremper*.

Chaque feuille trempée est livrée par le compagnon étameur, avec la même rapidité, au gât de l'étamerie; celui-ci les dispose une à une, et latéralement, sur des grils en fer : cette position latérale facilite l'écoulement du superflu de l'étain vers l'extrêmité de la feuille posée sur le grillon; il les examine ensuite chacune à leur tour, et en tout sens; et les feuilles qui se trouvent tachées, mal étamées, il les gratte avec un grattoir, les marque et les met à part, pour être repassées à l'étamage. Cette opération du gât s'appelle *gratter*.

Les feuilles bien étamées sont livrées à un des compagnons étameurs pour faire égoûter l'étain superflu qui borde un des côtés de la feuille et former la lisière, en essuyant ce superflu, qui autrement serait perdu. Pour parvenir à ôter ces égoûtures, il y a un petit creuset, appelé le creuset des lisières, sous lequel on met le feu, que l'on entretient doucement, de manière à conserver en liquéfaction l'étain qu'on a versé dans le creuset, jusqu'à la hauteur de quatre lignes. Un gât ou une des torcheuses trempe le côté de la feuille égoûtée dans le creuset, et la passe au compagnon étameur; celui-ci la prend de la main gauche, et de l'autre main, avec de la mousse d'arbre, il essuie ce côté de feuille d'un bout à l'autre, enlève les égoûtures et forme ainsi la lisière; cette lisière peut avoir cinq à six lignes, et ne doit pas passer cette largeur. Cette quatrième opération s'appelle faire la *lisière*.

Les lisières faites, on porte les feuilles dans le four à tiédir, où elles sont posées latéralement, et par paquet, avec la précaution de laisser jouer les feuilles de manière à ce que la chaleur puisse les pénétrer toutes : cette chaleur doit être douce; car autrement, si elle était trop forte, elle roussirait les feuilles ; elle est faite pour tiédir et liquéfier le suif imprégné sur toute la feuille, et procure par-là le moyen de la torcher.

Ce torchage est fait par des femmes ou des filles d'ouvriers de la forge. Elles sont rangées debout, le long des bancs à torcher, chacune à leur case, savoir : les torcheuses en noir près du creuset à étamer,

étamer, et les torcheuses en blanc près de celui des lisières : chaque case où elles torchent est remplie de son : chaque torcheuse est munie d'étoffe forte et roulée en peloton avec lequel elles torchent en tout sens les feuilles tiédies. Les torcheuses en noir enlèvent le gros du suif, et ont soin de renouveller le son trop noirci qu'elles mettent à part, ainsi que celui abandonné par les torcheuses en blanc, qui, étant peu gâté, peut servir encore à cet usage. Les feuilles, au sortir de leurs mains, sont portées au four à tiédir, ce qui se répète à chaque opération de torchage. Les torcheuses en blanc vont prendre les feuilles déjà dégraissées, et les torchent en blanc : les feuilles repassent par les mains d'une torcheuse au fin, qui achève de les lustrer, en les nettoyant à fond avec de la fleur de farine, mêlée avec le son qui est dans la case, ou du blanc d'Espagne de la meilleure qualité, rapé extrêmement fin.

Il y a ordinairement deux torcheuses en noir, deux en blanc et une au fin. Le torchage fini, les étameurs s'emparent des feuilles pour les planer et les encaisser.

Le maître étameur, jusqu'au moment de l'étamage, a dû surveiller toutes les opérations de la cisaillerie au juste, du décapage et de la récurerie, et pendant le cours de l'étamage il a dû prendre garde aux chaudes de l'étain ; car, si elles ont trop de chaleur, elles déssèchent l'étamage, et donnent aux feuilles un ton roussâtrs ; si, au contraire, elles n'ont pas leur degré de chaleur, les feuilles consomment trop d'étain en pure perte et par plaque, et l'étamage prend un ton terne. Le maître étameur a dû combiner les couches de suif : son attention se porte également sur la plénitude du creuset qu'il entretient, en coulant peu à peu dedans, lorsqu'il baisse en liqueur, des petits saumons d'étain qu'il fait fondre avec précaution, en doublant alors l'aliment du feu, ce qui se fait dans les intervalles des étamages du même jour : si le maître étameur soupçonne l'étain de dureté par sa difficulté à mordre sur la feuille, il a soin d'y couler du cuivre rouge en quantité suffisante pour lui rendre son mordant : son devoir principal est de ménager la consommation de l'étain et des autres matières, dont la valeur précieuse exige qu'il ait à cœur l'intérêt de l'entrepreneur, en surveillant avec soin la garde et l'emploi de ces matières : enfin, le maître étameur porte encore son attention sur toutes les opérations qui suivent l'étamage ; telles que la formation des lisières, le torchage, le planage et l'encaissement.

Pour planer, l'étameur prend un paquet de feuilles blanchies, qu'il place et appuye de la main gauche sur un gros bloc en bois ; et de l'autre main il frappe, avec le marteau à planer, sur tout le pourtour des feuilles ; puis, retournant le paquet, il plie tant soit peu les feuilles battues, qu'il remet en paquet, posé comme la première fois, mais sur l'autre sens, et il les frappe encore de la même manière. Ainsi finit le planage.

Après le planage, chaque étameur compte les feuilles blanchies par vingt-cinq paires, ou cinquante feuilles, qu'il place sur une balance jusqu'à la quantité de six paquets, donnant trois cents feuilles, formant la composition de la caisse, que l'étameur ajuste à son poids.

Le format de douze pouces a trois poids différens, ce qui le divise en fer mince, moyen et fort, sous la désignation de trois lettres différentes. Le fer mince pèse cent vingt-cinq livres ; le fer moyen cent cinquante livres ; le fort cent soixante-quinze livres : le format de treize pouces pèse deux cent quinze livres ; le format de quatorze, deux cent soixante-dix livres ; le format de quinze, trois cent cinq livres ; le tout indépendamment de la caisse. Le format de dix-huit pouces se vend à la livre.

Comme, malgré l'attention qu'on peut apporter, il est impossible qu'il n'y ait quelques feuilles moins belles et qui ne soient pas viciées, il est reçu qu'on en peut mettre cinq paires par caisse, ce qui les fait passer.

L'étamage commence vers trois heures après minuit, et finit à midi, suivant la force et la bonté des étamages. La quantité des feuilles étamées peut aller, l'une dans l'autre, à six caisses, ou dix-huit cents feuilles par chaque étamage.

On peut joindre à ces détails plusieurs observations relatives à l'étamage.

La qualité du fer peut influer beaucoup sur la facilité de l'étamage, comme la bonté du décapage et du récurage influent sur sa beauté.

On doit faire, autant qu'il est possible, le choix de l'étain dont on veut se servir : il doit être de la meilleure qualité, comme pouvant mieux s'amalgamer avec le fer, et lui donner le beau lustre du blanc. L'étain malak, banka, venant d'Hollande, l'étain à la rose venant d'Angleterre, et autre de cette qualité, méritent la préférence. Depuis l'année 1773 jusqu'à cette époque, c'est-à-dire, dans l'espace de dix ans, le prix de l'étain est monté par progression, depuis quinze sous jusqu'à vingt-cinq sous la livre : le prix moyen a donc été de vingt sous.

Comme la France le tire de l'étranger, et que le manufacturier le prend le plus souvent de la seconde main, il achéte celui qu'il trouve, sur-tout dans les momens où il est rare.

L'étain, qui à force de servir et d'être fondu, devient trop dur et ne peut plus reprendre de mordant par le moyen du cuivre rouge, est mis à part pour être vendu aux fayenciers ou aux potiers d'étain.

Le suif de bœuf et de la meilleure qualité est préférable, tant pour l'emploi que pour la consommation : il est nécessaire qu'il ait été bien fondu et avec propreté, en distinguant le suif blanc, le suif noir et le suif de rebut : de ce dernier on ne s'en sert que pour graisser les ordons.

Le son noir est mis à part pour être vendu pour la nourriture des porcs.

La consommation en charbon est de deux rasses par étamage, ce qui fait environ 24 sous par étamage, 4 sous par caisse, et 2 sous 8 deniers par cent pesant, d'après l'évaluation moyenne de la banne de charbon à 12 francs, et le produit par étamages de six caisses, au poids moyen de cent cinquante livres.

La consommation en étain peut être de douze à quinze livres par quintal, suivant les formats et leur qualité, ce qui fait cent vingt à cent cinquante livres par millier. Par exemple : cent dix livres environ pesant en noir, vont en blanc, pour le format de douze pouces, à cent vingt-cinq livres ; cent trente-quatre livres à cent cinquante ; cent cinquante-huit à cent soixante-quinze, et huit cent quatre-vingts au millier, ainsi des autres formats, par progression. En suivant l'évaluation

E 3

moyenne de 20 sous la livre d'étain, c'est 12 à 15 francs par cent pesant.

La consommation en suif de bonne qualité, est de deux livres pesant par étamage, évalué au prix moyen de 8 sous la livre, ce qui fait 16 sous par étamage, 2 sous 8 deniers par caisse, environ 1 sou par cent pesant.

La consommation en bois est d'un quart de corde de bois de moule moyen, évalué au prix moyen de 12 livres la corde, cela fait 3 livres par étamage de six caisses, 10 sous par caisse, ou 6 s. 8 deniers par cent pesant.

La consommation en son est de deux boisseaux par étamage. On donne deux boisseaux de son foulés et affaités pour un boisseau ordinaire; le son évalué au prix moyen de 18 sous le boisseau, ce qui fait 36 sous par étamage, 6 sous par caisse, et 4 sous par cent pesant.

La caisse est en bois de hêtre : chaque caisse, l'une dans l'autre, coûte 20 sous.

Le salaire du maître étameur a été fixé à 100 pistoles par an : il serait mieux de le mettre à ses pièces.

Le compagnon étameur est au mois, à raison de 30 livres.

Le gât de l'étamerie est au mois, à raison de 15 livres.

La torcheuse est à la journée, à raison de 9 sous par jour.

On peut faire à la manufacture, d'une campagne à l'autre, qui est, à partir du chaumage nécessité pour la fenaison jusqu'au chaumage suivant, aux environs de mille caisses en blanc et de trois cents caisses en noir, ce qui peut faire rouler la fabrication sur le pied de deux cent milliers pesant par an.

Le fer en barre s'est vendu, depuis l'espace de dix ans, comme on l'a dit, au prix moyen de 17 liv. le quintal.

Le fer en barre fabriqué à la manufacture n'a pas passé de prix de fabrication, celui de 15 liv. le quintal.

Le fer noir, ou tôle, fabriqué à la manufacture, s'est vendu, à raison des formats, au prix moyen de 40 livres le quintal.

Le fer blanc s'est vendu, à raison des formats, au prix moyen de 62 livres le quintal.

OUTILS ET INSTRUMENS.

1.° Le creuset à étamer est en fonte ; l'intérieur a dix-huit pouces de hauteur ; la largeur, à l'ouverture, est de seize pouces sur une face et dix-huit pouces sur l'autre ; la largeur, au fond, est de quinze pouces sur une face et quatorze pouces sur l'autre. L'encadrement est un quarré de cinq pieds de côté, garni de quatre taques en fonte, dont deux de quatre pieds quatre pouces de largeur dans le haut, vingt pouces de longueur jusqu'au creuset, et seize pouces dans la largeur pareille à celle du creuset; deux autres de quatre pieds huit pouces de largeur dans le haut, vingt pouces de longueur jusqu'au creuset, et dix-huit pouces dans la largeur pareille à celle du creuset.

2.º La taque en fonte, à poser les grils, placés proche du creuset, a cinq pieds de longueur et deux de largeur.

3.º Le creuset à fondre les saumons ou blocs d'étain, est en fonte; son ouverture est quarrée; chaque côté a vingt-quatre pouces et deux pouces de bord; sa profondeur est de dix-huit pouces.

4.º Le creuset des lisières est en fonte; son ouverture a dix-huit pouces en longueur, et quatre pouces en largeur sur six lignes de profondeur; il est enfermé dans une taque en fonte, de cinq pieds de longueur sur deux pieds et demi de largeur.

5.º Le plan extérieur du four à fondre les crasses, construit en briques, est un quarré de quatre pieds sur chaque face; il a sept pieds de hauteur au-dessus de la fondation; la bouche du four par où l'on verse le charbon et la matière, est placée à cinq pieds de cette hauteur; l'ouverture est un quarré de deux pieds sur chaque face ; sur la partie basse est posée une taque en fonte de deux pieds de longueur sur un pied de largeur et un pouce d'épaisseur ; l'entrée du creuset intérieur est un quarré de dix - huit pouces ; l'intérieur est flanqué de quatre parois, qui vont en pente insensible jusqu'au fond du creuset, où cette pente se termine par une largeur d'un pied en quarré ; le fond est garni d'une taque en fonte, de quinze pouces en quarré sur deux pouces d'épaisseur ; la lumière du four est située vers une des faces du bas du creuset ; c'est une figure ovale, de neuf pouces de longueur sur six pouces de hauteur, mâçonnée en brique, ainsi que le four, et garnie de deux lunettes en fer battu ; vis-à-vis la lumière, dans l'intérieur, est la tuyère, qui est posée à deux pouces au-dessus du fond du creuset ; à quatre pouces au-dessous de la lumière, et en-dehors, est le réservoir en fonte, de dix - huit pouces dans la plus grande largeur, un pied d'évasement, six pouces au milieu de l'évasement, et deux pouces et demi à la coulée. Le four est surmonté d'un tuyau mâçonnée en brique, qui s'échappe transversalement au-dehors de l'étamerie.

6.º Le four à tiédir les feuilles pour faciliter le torchage, est composé d'une taque en fonte, de cinq pieds de longueur sur trois pieds de largeur, où l'on pose les feuilles dans un sens latéral ; au-dessous de cette taque est une toquerie, de la profondeur de cinq pieds, où se jette le bois pour entretenir une chaleur douce et suffisante : la voûte à four a trois pieds d'avancement; les côtés ont deux pieds, le fond quatre pieds et demi; le tout maçonnée en briques contre le mur intérieur de l'étamerie.

7.º La tenaille à étamer ou à tirer les feuilles, dont se sert le maître étameur, a deux pieds et demi de longueur; l'ouverture des mords est de quatre lignes, fermant à la pince ; chaque mord a quatre pouces de longueur, neuf lignes de largeur, quatre lignes d'épaisseur, et une ligne d'épaisseur à la pince. L'extrêmité des branches de la tenaille terminent en forme ovale, de l'épaisseur double de la branche. Cette extrèmité est nommée la douille.

8.º La tenaille à tremper des compagnons, a la même forme ; mais elle est plus longue de deux pouces d'une branche, et trois pouces et demi de l'autre.

9.º La tenaille à plonger a quatre pieds de longueur ; l'ouverture des mords est de deux pouces quatre lignes dans le milieu, et de deux pouces à la pince : chaque mord a neuf pouces de longueur, un pouce et demi de largeur, six lignes d'épaisseur, et deux lignes d'épaisseur à la pince.

10.º La cuiller à préparer l'étain, a de longueur deux pieds en fer et trois pieds et demi avec le manche en bois : la pelle de la cuiller est arrondie dans une largeur de huit pouces, et le bord a un pouce de hauteur.

11.° La feuille à séparer le creuset est de la largeur intérieure du creuset.

12.° Le ponton, en fer, pour contenir les feuilles dans le creuset, est arrondi par le bout; il a trois pieds de longueur sur six lignes d'épaisseur, terminant en douille vers l'enmanchure en bois.

13.° Les grils en fer où l'on pose les feuilles sont de différentes longueurs. Chaque gril est monté dans chaque longueur sur deux pieds en fer, de quatre pouces de hauteur, garni de trois bandes de fer, d'un pouce de largeur, dont les deux bandes de côté sont armés de fichets de fer de distance en distance, pour caser les feuilles latéralement. Chaque fichet est mince, arrondi et appointé, ayant la hauteur de huit pouces et demi.

14.° L'écumoire est une feuille noire, trouée, de dix pouces sur huit, avec un manche de fer de dix-huit pouces de longueur, courbé de quatre pouces vers le milieu de la feuille, et le surplus croisant en hauteur vers l'extrêmité gauche de l'enmanchure, terminé par une douille.

15.° La cuiller, en fer, du creuset, a vingt pouces de longueur; la pelle a deux pouces de largeur sur six lignes de bord; le manche terminé par une douille.

16.º Le grattoir à manche de bois a une lame courte, large et arrondie.

17.º Chaque banc à torcher en bois est monté sur deux tréteaux, de deux pieds de hauteur : le banc a six pieds et demi de longueur ; il est départi par plusieurs cases ou séparations, avec un plateau au-dessus des cases de six pouces de largeur. Chaque case a deux pieds de longueur et de largeur.

18.º Le marteau à main et en fer, pour planer les feuilles avant l'encaissement, a la longueur de six pouces de la tête à l'aire ; la tête a deux pouces de largeur en quarré ; les quatre faces du bloc ont deux pouces et demi chacune ; l'aire est unie, d'un quarré de trois pouces ; son poids est de huit à neuf livres.

19.º La chaudière à fondre les petites crasses, en fonte, a dix-huit pouces de largeur sur neuf pouces de hauteur, garnie de son anse en fer.

20.º La chaudière à fondre le suif, en cuivre jaune, a vingt-un pouces de largeur sur un pied de hauteur, garnie de son anse en fer.

21.º La caisse est en bois de hêtre : elle a un pouce de jeu en longueur et largeur de plus que le format qu'elle doit contenir.

TROISIEME PARTIE.

Précis sur la position de la manufacture, sur la discipline et l'administration qui lui sont convenables.

POSITION.

LA position de la manufacture du pont Saint-Ours, dont on vient de détailler les travaux, est heureuse. Cette manufacture, dans l'intérieur, connue à l'extérieur, réunit beaucoup d'avantages et d'agrémens : elle est placée sur la Nièvre, rivière assez forte, qui fait rouler une infinité d'usines : le biais qu'elle occupe est, à la connaissance des maîtres de forges du pays, un des mieux approvisionné d'eau de tous ceux de la même rivière, parce qu'il reçoit toute la chûte des ruisseaux qui viennent y fluer, et que son canal est d'une capacité assez vaste pour la tenue d'une masse d'eau considérable et suffisante à l'entretien des ordons ou de la plupart des ordons, même dans les tems les plus secs. Les rives de la Nièvre sont enrichies d'une grande et belle prairie, dans laquelle la manufacture possède, indépendamment des prés enfermés dans son enceinte, des portions assez bien réunies, presque toutes à portée, et dont le rapport est bien au-delà de ce qu'elle peut consommer. Ces prés produisent en général une bonne qualité de foin.

Un grand chemin, ferré, bien entretenu et praticable en tout temps, borde la manufacture dans toute son étendue ; ce grand chemin lui donne une communication utile avec la ville de Nevers, dont elle ne se trouve éloignée que d'une lieue, et où l'on trouve les ressources nécessaires en approvisionnemens de toute espéce. Cette ville consomme une partie des marchandises de la manufacture, et lui en facilite encore le débouchement par ses rapports avec les villes circonvoisines. Le fleuve de la Loire coule sous les murs de Nevers : la navigation y est active ; c'est cette navigation qui donne au commerce de la manufacture une étendue facile et assurée, soit pour la vente de ses marchandises, soit pour l'approvisionnement de celles qui lui conviennent. Car la Loire, dans son cours, depuis Nevers jusqu'à Nantes, ouvre une communication rapide avec les villes d'Orléans, Blois, Tours, et autres pays riches et commerçans : ensuite son embouchure dans la mer multiplie les moyens de commerce avec l'étranger et avec les villes maritimes du couchant. Au milieu même du cours de ce fleuve, les correspondances se multiplient encore par les

canaux de Briare et d'Orléans. Celui de Briare,
principalement, procure au commerce de nouvelles
branches, aussi fécondes que les premières, soit
sur le cours de ce canal avec les villes de Montargis,
Nemours et Fontaineblen, soit par la navigation de
la Seine avec Paris, avec les villes et les pays qui
bordent ce fleuve jusqu'à Rouen, où le commerce
trouve encore une entrée et une sortie par la mer.

Le grand chemin qui, d'un côté, facilite les trans-
ports de la manufacture vers la ville de Nevers, lui
donne toute communication avec les forges, les
fourneaux et les petites villes qui sont au-dessus, et
même avec tous les chemins vicinaux qui traversent
les bois immenses qui ombragent toute la côte do-
minante sur la prairie. Les bois les plus près sont à
une demi-lieue ou une lieue de la manufacture, et
les plus éloignés dont elle puisse se servir, sont à
deux et trois lieues. Ces bois sont, pour la plupart,
essence de chêne, presque tous garnis de fourneaux
à cuire et d'un cuisage généralement bon. Ce qui
donne à l'exploitation plus d'aisance, c'est qu'on ne
se sert que de chevaux de bât, pour charger et faire
l'enlèvement des charbons.

Ou peut ajouter que cette manufacture se trouve
environnée de très-gros domaines, dont la culture
est féconde, et qui offrent encore des ressources
pour le charriage, en cas de besoin ; de vignobles,
dont le vin, sans être supérieur, peut passer pour

la consommation ordinaire, principalement pour celle des ouvriers; enfin de carrières de facile extraction, et tout près de la manufature.

Si l'on ne doit rien omettre de ce qui peut être utile, il existe des sources et des fontaines d'eau salubre, qui mettent à l'abri de consommer celle du biais, dont la stagnation et le mélange avec la vase ne peuvent que la rendre malfaisante.

A ces avantages extérieurs, viennent se réunir ceux dont elle jouit intérieurement. Tous les ordons se trouvent placés sur le même cours d'eau. Les bâtimens où sont ces ordons, sont divisés en deux corps solidement construits, tant pour la maçonnerie que pour la charpente : ces deux corps de bâtimens communiquent l'un dans l'autre. Les machines et les courans nécessaires aux forges, sont peu compliqués. Près de ces corps de bâtimens, et y attenants, sont de vastes magasins à charbon et à fer, des ateliers de différens travaux, comme celui de la cisaillerie au juste; et autour des forges, sont les autres ateliers du décapage et récurage, de l'étamerie, d'autres magasins, les corps-de-logis de maître et d'ouvriers, les hangards, les écuries, la plupart de ces bâtimens, couverts par de vastes greniers, soit à grain, soit à foin, et au milieu de ces corps de bâtimens, est une cour très-longue et commode pour le service de tous les travaux. Dans l'enceinte des possessions de cette manufac-

ture;

ture, se trouvent près des forges deux prés portant revivre, d'un produit aussi bon pour la quantité que pour la qualité, une promenade assez jolie, formée en presqu'île, au milieu des eaux, garnie de peupliers déjà forts, ornée de charmilles et de bosquets, qui rendent cet endroit agréable. Sur la rive opposée, et à l'extrémité des bâtimens et des écuries, est une basse-cour, et, près de cette basse-cour, est un jardin assez beau, bien meublé d'arbres fruitiers, suffisant à l'entretien du maître de l'usine pour ce potager, entouré de murs, et baigné sur un des bords par la rivière de Nièvre.

Cette enceinte, dont on vient de décrire les détails, peut être fermée sous la même clef, sans communication avec qui que ce soit : ce qui en rend le local, par la manière dont il est disposé, précieux et facile à l'inspection ; car c'est cette inspection subite et répétée qui assure mieux l'ordre et la discipline qu'il est nécessaire de maintenir au milieu de tant d'ouvriers de pays, de caractères différens et de mœurs quelquefois incertaines.

DISCIPLINE.

La discipline qu'il convient de maintenir parmi tous ces ouvriers, dépend d'abord du choix que l'on en fait. Autant qu'il est possible, ce choix doit tom-

F

ber sur ceux dont on connaît les mœurs, la bonne conduite, l'intelligence et de la docilité desquels on s'est assuré, tant par les certificats qu'ils présentent, que par les informations prises auprès des maîtres de forges qu'ils ont servis, à moins qu'ils soient enfans d'ouvriers de la forge qu'on a dû alors former à sa main.

Le choix des ouvriers ainsi fait, ou leur éducation ainsi formée, l'ordre devient facile à établir. Les maîtres-ouvriers dans chaque partie, ont sous leur subordination tous les ouvriers du genre de travail qu'ils commandent; ces maîtres-ouvriers reçoivent la commande et l'ordre des travaux du maître de forges, qui lui même est gouverné par sa correspondance extérieure : cette commande et ces ordres doivent être bien conçus par les maîtres-ouvriers, pour qu'ils les fassent exécuter avec ponctualité et précision. On voit par-là que tous les ouvriers se trouvent divisés par chaque classe de travaux, et que dans chacune de ces classes, il y règne une subordination propre à écarter toute rumeur intestine; dans cette division de travaux, tous et chacun des ouvriers ont leur tâche, leur temps fixé, et doivent savoir la manière d'opérer pour réussir. Cet ordre, constamment observé, est d'ailleurs surveillé par l'œil du maître de forges, qui affermit par sa présence le commandement des maîtres-ouvriers, les soumet eux-mêmes à donner l'exemple, et en impose aux ouvriers subordonnés.

Les travaux, bien suivis et bien exécutés, ne seraient pas encore suffisans pour le bon ordre et la discipline de la manufacture ; il est encore nécessaire de surveiller ces mêmes ouvriers au sortir de leurs travaux, de les forcer à profiter du tems de leur repos pour leur propre conservation, et de les empêcher de se livrer, au moment où ils sont exténués de fatigue et de chaleur, à leur goût pour la pêche, ou quelquefois à la boisson.

Comme tous ces ouvriers jouissent, chacun suivant sa classe, de salaires suffisans pour leur aisance et leur entretien ; qu'ils sont logés gratuitement dans la manufacture ; qu'ils ne sont chargés d'aucune imposition, il est de la plus grande importance, pour le maître de forges, de s'opposer à tous les dégâts de charbons, de bois et autres matières nécessairement exposées, et de punir sévèrement, soit par l'intérêt personnel, soit par l'expulsion, tous ceux des ouvriers qui oseraient se permettre le moindre enlèvement de ces matières : ce qui lui est facile de vérifier, de temps à autre, par des visites subites faites chez eux, soit à volonté, soit à l'apperçu de quelqu'enlèvement fait.

Les jours de travaux, aucun ouvrier ne doit s'écarter de la manufacture ; et les jours de repos ou de chaumage, aucun ne doit le faire sans permission expresse, encore faut-il que le maître de forges astreigne l'ouvrier sortant à ne point rentrer à une heure indue, et veille à ce qu'il ne se livre pas à des débauches de vin.

Dans tous les temps, les maîtres-ouvriers, comme les ouvriers et les gagistes, doivent être accoutumés à prêter la main aux travaux imprévus et nécessités par la circonstance, soit pour l'utilité de l'entrepreneur et des forges, soit pour l'événement du feu, soit pour le bien du service, autant que ce coup de main ne nuit point à leurs travaux actuels, et qu'ils se trouvent à même de le faire.

L'union doit régner, autant qu'il est possible, parmi les ouvriers ; et, pour éviter qu'elle ne soit troublée, après s'être assuré de leur conduite, et avoir empêché tout excès de débauche, et de boisson, on doit se prémunir contre les rapports minutieux, et faits le plus souvent par malice, envie ou à dessein de se nuire les uns aux autres. Il appartient au maître dé forges de juger de l'importance ou de la futilité du rapport ; s'il mérite attention, il est de sa prudence et de sa discrétion d'en profiter, sans compromettre l'ouvrier qui le lui fait pour son intérêt, et d'agir suivant la circonstance ; s'il est faux, au contraire, son dédain doit punir l'ouvrier calomniateur, et l'accoutumer par-là à ne plus revenir à la charge.

Enfin, la bonne harmonie dans chaque famille d'ouvriers, doit assurer davantage le bon ordre de

la manufacture, comme le bonheur de ces ouvriers;
une légitime prépondérance sur leurs mœurs et leur
conduite intérieure, prévient la division et les débats qui sont quelquefois très-violens, et une surveillance, non pas par détail, mais générale sur leur
dépense, ou économique, ou excessive, avec des
éloges ou des reproches faits à propos, en maintenant l'ouvrier sur ses gardes et dans l'aisance, l'em-
pêche aussi de s'endetter. Car, si cet inconvénient
de dettes devient trop considérable, l'ouvrier court
risque de se dégoûter du travail, et de l'endroit, qui
lui devient insupportable; de se porter à des excés
que les dettes et la misère font naître; de haïr le
maître de forges, ou de lui être à charge, lorsque,
par trop de bonne volonté et une complaisance dan-
gereuse, il se porte envers cet ouvrier à lui faire
de fortes avances, qu'il est toujours à la veille de
perdre, au premier moment que l'ouvrier trouve
pour le laisser là et s'échapper.

ADMINISTRATION.

Les travaux de la fabrication, bien conçus, bien
dirigés et bien exécutés; la discipline parmi les ouvriers, maintenue sans relâche et avec toute la sévérité qu'elle exige; l'administration générale, tant
de la fabrication et de l'ordre intérieur, que des

opérations extérieures, appartient à un maître de forges expérimenté, ferme, actif, patient, et aussi sage dans l'emploi des moyens propres à bien conduire la manutention intérieure de la manufacture, que prudent et adroit à manier la correspondance extérieure, et à s'attacher des maisons de commerce qui puissent assurer son débit.

On le pressent d'avance : afin que le maître de forges puisse parvenir au premier but qu'il doit se proposer, celui d'une bonne administration intérieure, il lui devient intéressant de vérifier souvent toutes les fabrications, de réformer celles où il apperçoit des pertes ou des mal-façons ; de combiner l'ordre des fabrications avec les demandes qui lui sont faites ; de veiller soigneusement sur les consommations de bois, de charbon, d'étain, et autres matières tellement précieuses que, sans une exacte recherche de sa part, et sans une comparaison souvent répétée de leur consommation nécessaire avec la consommation actuelle, il pourrait essuyer, sur chaque partie, des pertes qui, réunies ensemble, formeraient une masse considérable, qui prendrait, ou sur les bénéfices, ou sur les capitaux.

C'est par la raison de la valeur des matières à consommer, et de leur facilité à être gâtées ou soustraites, qu'il lui est nécessaire de tenir, autant qu'il peut, sous sa main, ou sous la garde de personne de confiance, tous ces objets de consommation dont il doit suivre la livraison et l'emploi. Car la crainte seule de son coup-d'œil et de sa surveillance, tiendra en respect les gardiens des matières de consommation, et les ouvriers qui les manœuvrent. L'habitude d'être suivis et observés dans leurs opérations, les affermit dans leur devoir, et leur rend leurs travaux moins durs et moins gênants, soit à raison des succès qu'ils apperçoivent dans la fabrication, succès auxquels ils participent, soit à raison de la satisfaction de l'entrepreneur, des éloges et des gratifications qu'ils en reçoivent et des bénéfices qu'ils lui soupçonnent dans son commerce, ce qui assure la solidité et la durée d'une manutention, et par conséquent le bien-être des ouvriers.

Mais ces soins sur la bonté de la fabrication, cette attention continuelle sur les consommations, cet art de bien conduire les ouvriers et de les porter sans peine à l'exécution des ordres et à l'amour de leur devoir, ne formeraient dans un maître de forges qu'une partie de ce qu'il doit être, s'il ne savait y réunir l'habileté d'une négociation extérieure. C'est dans l'ensemble de sa correspondance qu'il doit épier, pour ainsi dire, les secrets des pays, des villes, des maisons de commerce avec lesquelles il peut réussir avantageusement pour le placement de ses marchandises. C'est par-là qu'il apprend les variations subites auxquelles il doit savoir se prêter, les concurrences qui pourraient lui nuire, et qu'il évite, dès qu'il les connaît; c'est par-là qu'il apprend à choisir les places de commerce solides, florissantes et par conséquent où le débouché des marchandises est le plus actif et le plus répété. Ces places sont celles auxquelles il doit principalement s'attacher, même avec le sacrifice d'une portion sur les bénéfices, parce qu'elles lui épargnent, par leurs travaux secondaires, une correspondance lointaine et difficile, des détails multipliés et souvent des spéculations hasardées. C'est par la correspondance qu'il connaît l'esprit, le caractère et les mœurs même des différens négocians avec lesquels il se lie; et c'est cette étude des hommes, réfléchie et acquise par le temps qui lui facilite les moyens de les manier avec souplesse et prudence, de les amener à son but, de les ménager même dans les débats d'intérêt ou de les quitter à propos, s'il y a danger à en continuer la liaison. Enfin la correspondance lui fera connaître la manière de travailler de chaque place, les usages auxquels il doit se plier, les variations des modes, le temps des fabrications différentes, le moment des envois, la hausse ou la baisse, tant sur les matières qu'il doit tirer de ces places, que sur les marchandises qu'il fait passer, et généralement tout ce qui lui est utile de savoir pour l'intérêt et la prospérité de son commerce.

Pour compléter dans le maître de manufacture, et le bon fabricateur, et le bon négociant, il lui de-

vient utile de s'étudier lui-même , d'entretenir son
activité par les succès et les obstacles , de combiner
ses opérations avec les circonstances , d'accoutumer
son esprit à la justesse et son cœur à la droiture ,
de s'armer de patience et de courage dans les revers ,
et d'opposer aux événemens malheureux des ressources préparées de longue main , ou de déployer
alors toute l'énergie de son ame , pour en créer, s'il
faut parler ainsi , ou pour écarter avec art l'effet de
l'impression trop subite de ces événemens.

S'il est vrai qu'il doive s'attendre que les hommes
de toutes les classes auront des relations avec lui ,
et le fréquenteront, il lui importe aussi d'avoir toujours présent qu'il se doit à tous par la raison des
moyens d'utilité qu'il en peut recevoir, soit dans
un tems, soit dans un autre. C'est principalement
avec les négocians qu'il doit s'observer. Pour parvenir à se former un caractère propre à cette pro-
fession , il lui convient d'être ferme sans rudesse ,
facile sans faiblesse , délicat en affaires sans être minutieux, affable et doux sans fadeur, exact dans
l'observation de ses engagemens, sans marquer trop
de sévérité à l'égard des manquemens qu'on peut
lui faire, lorsque ces manquemens sont produits
sur-tout par des causes malheureuses : une aisance
accordée à propos peut lui éviter des pertes abso-
lues, qu'une rigueur déplacée pourrait lui occa-
sionner. Enfin, s'il doit joindre à toutes ces qua-

lités celle d'une bonne économie; toujours mesurée d'après les circonstances et les spéculations
différentes, qu'il se garde bien d'écarter de son
cœur le sentiment qui est fait pour l'honorer le plus,
et lui affectionner les autres, celui de la bienfaisance.

C'est sur-tout dans le sein de ses ouvriers qu'il
doit se complaire à répandre les fruits de cette
vertu. Ces êtres semblables à lui, mais fixés par
l'ordre des choses à suivre un état dur, auquel ils
ont accoutumé, à la vérité, leurs organes et leur
constitution, méritent toute son attention, parce
qu'ils sont les agens de sa fortune. Cette première
considération n'est pas la seule qui doit les lui rendre intéressans. Les maladies auxquelles ils sont su-
jets, et qui ne sont souvent que les tristes effets des
fatigues, des chaleurs et des vapeurs dégoûtantes
ou malfaisantes qui les ont atténués, lui imposent
le devoir de les visiter, de les consoler, de les faire
soigner, et de se rendre à lui même par les bons trai-
temens et les secours placés à propos des ouvriers
zélés, laborieux et affectionnés. Car il n'est pas rare
de voir, dans le même temps, suivant les saisons,
leur variété rapide, et sur-tout dans les grandes
sécheresses; ces ouvriers, brûlés par des fièvres de
caractères différens, causées par le dessèchement et
l'appauvrissement du sang; tourmentés par des maux
de tête cruels, ou enfin affaiblis par un dégoût gé-

néral, qui les prive des forces nécessaires pour travailler, et du desir des alimens.

Le maître de forges qui réunit en lui les connaissances nécessaires pour assurer une bonne fabrication et s'épargner des consommations dispendieuses et inutiles ; qui est parvenu à connaître à fonds son affaire ; qui sait contenir ses ouvriers dans l'ordre convenable aux travaux et dans les liens des mœurs et d'une conduite régulière ; qui joint à ces talens ceux d'un négociateur instruit, adroit et facile en opérations de commerce, et qui couvre enfin toutes ces qualités des douceurs de la vertu et de la bienfaisance, doit se flatter, quelsque soient les événemens, d'avoir été digne d'occuper une place dans la société ; et s'il peut encore éclairer ses concitoyens des lumières qu'il a acquises, alors qu'il s'avoue intérieurement à lui-même qu'il a pu faire exécuter et qu'il a su dire des choses utiles.